재미동포 이성재 작가의 에세이

갈무리 엽서

이 성 재

S.J. Peter Lee

(증정 사인용)

지은이 도장(印)

詩鄕 이 성 재 이詩

S.J. Peter Lee,Ph.D. 성鄕

재

갈무리 엽서

초판 1쇄 인쇄 | 2023년 12월 12일
지은이 | 이성재
펴낸이 | 이재욱(필명:이승훈)
펴낸곳 | 해드림출판사
주 소 | 서울 영등포구 경인로82길 3-4(문래동1가 39)
센터플러스빌딩 1004호(07371)
전 화 | 02-2612-5552
팩 스 | 02-2688-5568
E-mail | jlee5059@hanmail.net

등록번호 제2013-000076
등록일자 2008년 9월 29일

ISBN 979-11-5634-566-4

재미동포 이성재 작가의 에세이

갈무리 엽서

이성재 지음

S.J. Peter Lee

해드림출판사

책 머리에

갈무리 엽서

글을 읽고 공감하는 것은 오로지 독자의 몫이다. 글잡이의 글은 공감하는 자들의 길잡이가 될 수도 있다. 현자(賢者)는 꽃길을 찾아 따라갈 것이고 지자(智者)는 더 좋은 길을 찾아 헤맬 수도 있을 것이다. 현자도 지자도 아닌 사람은 어떤 길을 찾아 어떻게 가야 할 것인가?

우리는 가끔 모든 것을 운명에 맡긴다는 말을 듣는다. 인간의 운명은 하느님이 정해주셨다고 하지만 또한 하느님은 운명을 극복할 수 있는 지혜도 함께 주셨다. 그렇다면 지혜를 발굴하여 운명을 이겨낼 수 있는 것 또한 나의 몫이다.

지혜는 꼭 멀리 깊은 곳에만 있는 것이 아니다. 바로 내 곁에 있는 가슴에 와닿는 말 한마디, 글 한 구절에서도 지혜를 찾을 수 있다. 살아오면서 보고 느끼고 내 주변에서 또는 나와 함께 일어난 일들을 돌아보았다. 그중에서 독자들과 공유했으면 좋을 것 같은 것들을 골라서 이 책에 담아 보았다.

늦게나마 글잡이가 할 수 있는 일이 보인다. 그것이 내가 글을 써야겠다는 이유이자 목적인 것 같다. 더 좋은 글 많이 쓰고 싶지만, 왠지 두려움이 앞선다. 멀리 있거나 앞서가지 않고 당신과 함께 웃고 함께 가는 보라빛 향기가 담긴 갈무리 엽서를 보낸다.

목차

책머리에 | 갈무리 엽서 6

1

좋아하는 것과 사랑하는 것 14
그다음은 17
행운과 불운이 다가올 때 21
재치 있는 순발력 25
가야 했던 길과 가야 할 길 29
먹으면 오래 사는 것 32
초심(初心) 35
택시 타기 쉽지 않네 38
좋은 말 하기, 좋은 말 듣기 43
옛날 다방 이야기 47

2

외로운 나그네 이별 54

내 생애 두 번째 삶 57

어디쯤 왔을까? 62

마음과 말의 깊이 그리고 뜻 67

철학자 칸트 72

위대한 대통령 76

행복을 나누는 사람들 81

벗이 그리워질 때 85

경륜과 경력의 차이 89

나를 슬프게 하는 말과 글 93

3

소각에서 냉각까지 불과 50분 99
걸인과 창녀 103
내가 사랑하는 세 여인 107
헤밍웨이 112
여덟 명의 자식과 한 명의 애인 117
나그네 인생 122
좋은 인간관계 125
남편과 아내 129
미백의 여유 135
이 가을의 마지막이 가기 전에 139

4

"그래도"에 다녀와서 144
노란 손수건 149
짧은 3초의 비밀 155
길이 멀어도 찾아갈 벗이 있다면 160
몇 번을 더 만날 수 있을까? 164
나에게 세상을 보는 눈을 준 사람 168
감사할 줄 아는 사람 173
행복의 시간 177
인간의 삶에 일어나는 전쟁들 180

5

특별한 졸업 선물 185
화를 내지 말자 190
아버지가 없어진다 193
절영지회(絶纓之會) 196
말의 향기 202
잠수종과 나비 206
아픈 만큼 삶은 깊어진다 209
보는 것과 보이는 것 212
인생은 나를 찾아가는 길 217

에필로그 돌아보면 아쉬움이 222

부록 227

1

좋아하는 것과 사랑하는 것 | 14

그다음은 | 17

행운과 불운이 다가올 때 | 21

재치 있는 순발력 | 25

가야 했던 길과 가야 할 길 | 29

먹으면 오래 사는 것 | 32

초심(初心) | 35

택시 타기 쉽지 않네 | 38

좋은 말 하기, 좋은 말 듣기 | 43

옛날 다방 이야기 | 47

좋아하는 것과 사랑하는 것

오랜 세월 알고 지내온 대학 후배가 어느 날 갑자기 "나 오빠를 좋아하나 봐"라고 수줍은 미소로 말했다. 다음에는 무슨 사랑의 고백이라도 할 것 같은 모습에 나는 좀 당황하는 마음으로 그녀를 쳐다보았다. 사람이 사람을 좋아하는 것은 좋은 일이다. 그러나 좋아한다는 건 그 사람으로 인해 내 마음이 편해지거나 행복해졌으면 하는 것이고 사랑한다는 것은 그 사람이 나로 인해 행복해졌으면 하고 바라는 것이다.

좋아하는 것에는 이유가 있지만, 사랑에는 이유가 없다. 좋아하는 건 그이가 가진 장점들 때문이고 사랑하는 건 그 사람이 가진 단점들까지도 받아들인다. 좋아하는 건 지나고 나면 "아쉽다" 정도로 그치지만 사랑은 돌이켜보면 "아련하다"라는 느낌이 든다. 좋아했던 시절은 떠올리면서 웃을 수 있고 사랑했던 시절은 다시 오지 않는다는 추억에 눈물 흘리는 것이다. 좋아한다의 반 댓 발은 싫어한다지만 사랑한다는 반대말은 없다. 망망대해에서 침몰하는 유람선을 탈출하는 구조선이 있다면 좋아하는 사람은 구조선의 내 옆자리에 태우고 싶지만, 사랑하는 사람은 하나밖에 없는 내 자리를 그에게 내주고 싶어지는 것이다.

"좋아해"라는 말을 들으면 기분이 좋지만 "사랑해"라는 말을 들으면 코끝이 찡해지면서 가슴이 설레고 눈물이 나려고 한다. 꽃을 좋아하는 사람은 그 꽃을 꺾지만, 꽃을 사랑하는 사람은 그 꽃나무에 물을 주려고 하는 것이다. "좋아해"라는 웃는 날이 많고 "사랑해"에는 우는 날이 많을지도 모른다. 좋아하는 사람은 내 곁에 두고 싶은데 사랑하는 사람은 내가 그 사람 곁에 있고 싶은 것이다. 좋아하는 것은 감정의 흔들림이지만 사랑하는 것은 영혼에 떨림이라 할 수 있을 것이다. 비록 혼자 좋아한 것이었고 또한 내 혼자만 사랑한 짝사랑이 될지라도 상관없다. 물론 그런 결과를 가져오지 않기를 바랄 뿐이다.

"좋아해"라는 그 사람이 나 없이는 잘되기를 바라지 않지만 "사랑해"라는 그 사람이 나 없이도 행복해지기를 바라는 것이다. 좋아할 땐 내가 행복하지만, 사랑할 땐 그 사람의 행복에 내가 기뻐하는 것이다. 한가지 공통점은 좋아할 때나 사랑할 땐 가슴이 두근거린다. 좋아하는 건 앞서 걷고 있는 당신을 뒤따라 가는 것이고 사랑하는 건 내 걸음을 당신에게 맞춰가는 것이다. "좋아하는 건" 내가 그 사람을 포기했을 때 내가 잃어버릴 것은 당신 하나뿐이고 "사랑하는 건" 그 사람과 헤어졌을 때 내가 잃어버린 것은 당신을 뺀 나머지 모든 것이다. 좋아하는 것은 말이나 행동으로 표시해야 전달 되지만 사랑은 말하지 않아도 행동으로 표시하지 않아도 느껴지는 것이다. 사랑한다는 말 한마디

없이 평생을 살아온 부부가 남편이나 아내가 죽은 뒤 눈물을 감추며 슬피 우는 이유가 바로 그것이다.

좋아해 본 적도 없고 사랑해 본 경험도 없는 사람이 있다면 그 사람은 아주 불행한 사람이라 생각된다. 좋아하는 것이 무엇인지를 모르는 사람은 좋아할 줄 모르고 사랑을 경험해 보지 못한 사람은 사랑이 무엇인지를 모른다. 산업화 시대의 유산인지 각박한 세상에서 이기적이고 개인주의가 팽배한 오늘에 사는 젊은이들은 서로 좋아하고 사랑할 마음의 여유도 없다고 한다. 물질적으로 편리한 것이 많은 오늘이지만 옛날에는 인간미가 있고 정서적으로 좋은 것이 많이 있었다. 요즘 자라는 아이들이 너무 영악해서 겁이 난다는 말에 소름이 끼친다. 요즘 젊은이들은 누구를 좋아했다가 정신적으로나 물질적으로 손해를 보거나 피해를 주기도 하고 사랑했다간 더 큰 불행의 씨앗이 된다는 나름대로 논리를 갖고 있다. 마음의 여유가 없고 메마른 삶을 사는 오늘날의 젊은이들이 불쌍히 보인다.

"좋아하는 건" 이 글을 보고 누군가가 머릿속에 떠오르는 것이고 "사랑하는 건" 이 글을 읽고 누군가가 눈물 날만큼 가슴 깊이 보고 싶어지는 것이다.

그다음은

인생은 어디서 와서 무엇을 위해 살다 어디로 가는 것인가? 나는 어디서 왔는가? 나는 누구인가? 나는 어디로 가는 것인가? 이 질문들은 많은 철학자가 수백 년 전부터 질문하고 답을 찾으려고 노력하였고 또한 모든 인간이 갖은 질문이기도 하다. 그러나 오늘날까지 어느 사람도 명쾌하게 답을 내놓지 못하고 있다.

나의 처형 언니 한 분은 샬트르 성 바오르 수녀원 원장으로 계셨다. 샬트르 수녀회는 프랑스에 본원을 두고 한국은 물론 세계 여러 곳에서 복음을 전하고 사회봉사 활동을 하고 있다. 나는 독일에서 학업을 마치고 귀국했을 때 처음으로 처형 수녀 원장님을 만났다. 프랑스를 여러 번 다녀오셨고 불어에 능통하신 원장 수녀님께선 독일 유학을 하고 온 제부에 대한 많은 관심을 가지고 환영해 주셨다. 또한, 한때는 수녀로 사는 삶에 관심이 많았던 동생과 결혼한 제부이기에 내가 어떤 사람인지 궁금하기도 했을지 모른다.

파리에도 샬트르 성 바오르 수녀원이 있고 그 바로 옆에는 많은 관광객이 찾는 유명한 수도원이 있는데 혹시 프랑스 여행길에 들러봤느냐고 물으셨다. 그리고 그 수도원 입구에 있는 큰 돌비석이 하나 있고 그 비문에는 아프레 쓸라 (Apres cela)라는 말이 세 번이나 반복해서 세 겨져 있다고 말씀하셨다. 나는 노트르담 대성당은 들러봤지만, 그 수도원은 찾아보지 못했다. 그리고 평생 처음으로 50여 명의 수녀님과 함께 환영받고 식사하는 자리에서 나는 많이 당황했고 불편을 느꼈다. 그뿐만 아니라 젊고 아름다운 수녀님들을 보면서 그냥 잡념에 사로잡혀 정신을 잃고 원장 수녀님 말씀을 경청하지 못했다. 뒤늦게야 그 수도원이나 비문에 관하여 알지 못한다고 좀 쑥 서러워하면서 얼굴을 붉혔다.

인자하시지만 상당히 권위적이시고 문학에 관심이 많아 보이는 원장 수녀님은 그 수도원 앞에 적힌 비문에 관한 이야기를 이어가고 있었다. "아프레 쓸라"라는 말은 "그다음은, 그다음은, 그다음은"이라는 뜻인데 그 유례는 다음과 같다.

고학을 하던 한 법대생이 마지막 한 학기를 남겨 놓고 학비를 도저히 마련할 길이 없었다. 그는 고민 끝에 어느 수도원 신부를 찾아가 도움을 청했다. 그러자 신부는 "마침 조금 전에 어떤 신자가 좋은 일에 써 달라며 많은 후원금을 주고 가셨네. 이건 분명히 자네를 위한 것으로 믿어지네" 하고는 돈을 세 보지도 않고 이 학생에게 내어주었다. 뜻밖의 도움을 받은 이 학생은 기쁜 얼굴로 돈 봉투를 받아 돌아 나오는데 신부가 잠시 불러 세웠다.

한 가지 물어보고 싶은데 "자네는 그 돈을 가지고 가서 뭘 할 것인가?" 말씀드린 대로 등록금을 내야지요.

그다음은?

열심히 공부해서 졸업해야지요.

그다음은? 사법고시에 합격하고 법관이 되어 억울한 사람들을 돕겠습니다.

그다음은(Apres cela)? 심상치 않은 질문에 학생은 이제는 대답을 못 했습니다.

신부는 빙그레 웃으면서 말했다. 그다음은 내가 말하지. 우리 모두는 다 죽을 것이네. 그다음은 자네도 심판대 앞에 설 것일세. 알겠는가?

학생은 집으로 돌아왔지만, 아프레 쓸라 (Apres cela)라는 신부의 질문이 귓가에서 떠나지 않았다. 학생은 결국 돈을 신부에게 돌려주고 수도원으로 들어가 수도사가 되었고 보람되고 귀한 일들을 많이 하며 생을 보냈다고 전해진다. 그가 죽고 난 뒤에 그의 묘비에는 그가 한평생 좌우명으로 외우던 세 마디 "Apres cela, Apres cela, Apres cela"를 써 놓았다고 이야기를 마치셨다. 나는 저렇게 젊고 아름다운 수녀님들은 일직이 "아프레 쓸라"의 의미를 잘 알고 수도자의 길을 택하셨나 보다 하는 생각에 숙연해졌다.

우리는 일생을 살아가면서 수많은 계획을 세워본다. 어떤 사람은 돈을 많이 벌어 행복하게 살기를, 어떤 사람은 명예를 얻어 남들에게 부러움을 사기를, 어떤 사람은 권력을 얻어 다른 사람들 위에 군림하며 살기를 바란다. 그런데, 그다음은, 그다음은…….

어리석은 사람은 오늘의 삶이 전부인 양 현실에만 급급하며 살아가고 있다. 그러나 지혜로운 사람은 "내 삶이 언젠가는 끝나는 날이 반드시 온다!"라는 것을 항상 생각하며 살고 있다. 우리의 영혼과 삶이 무기력하게 되는 이유는 종말 의식이 없기 때문일 것이다. 아프레 쓸라는 우리가 늘 기억하며 살아가야 할 말이 아닌가 생각해 본다.

행운과 불운이 다가올 때

나는 젊었을 때 회사 일로 출장을 자주 다녔다. 출장을 가면서 함께 가는 미국인 친구로부터 배운 것이 몇 가지 있다. 옛날에는 비행장 체크인 카운터 옆에 조그마한 부스를 차려놓고 생명보험을 파는 회사가 있었다. 1달러를 내면 비행 사고 시 1백만 불을 받을 수 있는 생명보험을 팔았다. 이 친구는 언제나 1달러를 내고 이 보험에 가입했다. 그리고 이 돈이면 자기 부인 신디의 재혼 비용은 되겠지 하며 웃었다. 나에게도 백만 분의 일이 넘는 행운이 올 기회도 있을지 모르지만, 또한 그와 확률이 비슷한 불행도 올 수 있다고 말했다. 뭐라 말하기 어려운 느낌에 나는 어리둥절 했었다.

그리고 그는 비행기에 올라 좌석에 앉으면 바로 책을 꺼내 읽기 시작한다. 여행하다 보면 느끼지만, 동양 사람들은 잠을 자거나 옆 사람과 잡담을 하는데 서양 사람 대부분은 비행기나 기차 안에서 조용히 독서를 한다. 본받을 일이라 생각했었다. 나도 그때야 문학에 관심을 가졌을 무렵이라 책을 읽기 시작했었다. 특히 미국에 살면서 영문 소설이나 시 또는 수필 등을 많이 읽고 배워야겠다고 노력하고 있을 때였다. 나는 내 좌석 앞 주머니에 승객이 두고 간 페이퍼백 소설책 한 권을 집었다. 이 책은 주홍글씨로 유명한 미국 소설가 나다니엘 호손(Nathaniel Hawthrone)이 쓴 데이비드 스완(David Swan)이라는 소설이었다. 이미 조금은 알고 있는 작가였기에 관심을 두고 그 책을 읽기 시작했었다.

그 소설은 20살의 데이비드 스완이라는 청년이 고향을 떠나 히치하이크를 해가며 보스턴으로 취직자리를 구하러 가는 길에 올랐다. 어느 마을 앞 고속도로 출구까지 태워준 분께 감사 인사를 전하고 다음에 나를 또 어느 지점까지 태워다 줄 차를 기다리다 피로에 지쳐 나무 그늘에 누워 잠깐 단잠에 빠져 있는 동안, 그의 주변에서 일어난 이야기를 다룬 소설이다. 데이비드가 깊은 잠에 빠져 있는 동안 고속도로 옆 숲길을 지나가던 마차의 바퀴가 고장이나 멈춰 섰다. 그 마차에서 내린 갈색 머리의 부부는 하인이 바퀴를 고치는 동안 햇빛을 피하려고 잠시 숲속으로 들어왔었고 그곳에서 평화롭게 잠이 든 데이비드를 발견했다.

세상모르고 자고 있는 데이비드의 얼굴을 보고 있던 부인이 남편에게 "여보, 이 아이가 죽은 우리 헨리와 너무 닮았어요. 우리 헨리가 살아서 돌아온 것 같아요. 아마도 하느님께서 이 아이를 헨리 대신에 우리 곁에 보내주신 것으로 느껴져요. 우리 이 아이를 양자로 삼으면 어떨까요?" 외아들을 잃은 이들 부부는 재산을 상속해 줄 조카가 별로 마음에 들지 않아 고민하고 있을 때였다. 그 순간 행운의 여신이 데이비드 위로 몸을 살며시 굽히는 시간이었다. 부인은 데이비드가 잠에서 깨어나 주기를 기다리고 있었다. 그렇게 고민하고 있는데 하인이 차바퀴를 다 고쳤고 떠날 준비가 되었다고 일러 왔었다. 그 말에 깜짝 놀란 부부는 데이비드를 깨우는 것도 잊어버리고 그 자리를 떠나고 말았다.

백만장자 부부가 그렇게 자리를 떠난 후, 이번에는 아름다운 소녀가 숲속에서 나타났다. 건강하고 멋있게 생긴 데이비드를 발견한 소녀는 부끄러워 도망을 가려 하는데 벌이 데이비드의 얼굴에 앉으려 하자 소녀는 손수건으로 벌을 쫓아낸 뒤 데이비드의 얼굴을 천천히 들여다보았다. 그녀의 아버지는 이 지역에서 번창하는 기업의 사장이었고 경영을 맡을 후계자를 찾고 있는 중이었다. 잘 생긴 데이비드의 얼굴에 소녀는 마음이 흔들렸지만, 고이 잠들어 있는 소년을 깨울 용기는 없었다. 행운이 다시 한번 그의 옷에 닿을 뻔했으나 데이비드는 잠에서 깨지 않았고 소녀는 아쉬운 마음으로 떠나고 말았다.

그리고 잠시 후에 강도 두 명이 훔친 물건을 나누기 위해 숲속으로 들어왔다가 데이비드를 발견한 것이다. 강도 한 명이 "저 녀석 주머니에도 돈이 많이 있을 것 같아."라고 말하며 잠든 데이비드 곁으로 다가왔다. 강도 한 명이 데이비드에 목에 칼을 대고 다른 한 명이 그의 꾸러미를 뒤지는데 그때 마침 연못에서 물을 마시던 개 한 마리가 도둑을 보고 어르렁 거리기 시작했다. "제기랄, 개 주인이 곧 나타나겠군." 하고 도둑은 아쉽게 자리를 떠났다. 잠시 후에 데이비드는 잠에서 깨어났고 그가 잠들어 있는 동안에 그에게는 백만장자가 될 기회가 찾아왔었고, 또한 예쁜 처녀와 결혼도 하고 사장이 될 기회도 찾아왔을 뿐만 아니라 죽음의 순간도 있었다는 사실을 알지 못했다. 그렇게 잠에서 깨어난 데이비드는 보스턴으로 향하여 길을 떠났다.

이러한 데이비드의 모습이 바로 우리들의 모습이요 삶이다. 알 수 없었기에 잡지 못하고 지나가 버린 수많은 기회, 그리고 누군가의 도움을 받아 나를 비켜 간 수많은 위험…. 그렇다. 나다니엘 호손의 소설처럼 우리가 모르는 사이에 수많은 기회와 수많은 위기가 우리 곁을 지나가고 또한 앞으로도 우리를 찾아오고 있다. 우리의 삶에는 운명마저 바꿀 수 있는 인연이나 기회들이 많이 있었고 앞으로도 자주 있을 것이다.

산다는 것은 깨어있어야 사는 것이고 잠을 자는 것도 살기 위한 준비가 되어 있어야 한다. 우리가 모른다고 해서 없는 것도 아니고 아니라고 해서 틀린 것도 아니다. 누구는 "운이 좋은 것"을 바라지 않는다고 하는데 운이 좋을 수 있다면 똑같은 확률로 운이 나쁠 수도 있다고 생각하면 1달러를 내고 1백만 불짜리 생명보험을 사는 내 친구는 인간의 삶에 불행과 행복의 기회는 어느 순간에 어떻게 찾아오고 어떻게 떠나는 것을 대처해야 하는 준비를 좀 더 잘하는 사람으로 느껴졌다.

재치 있는 순발력

"아! 그때 이렇게 말했어야 했는데……." 누구나 살면서 후회 아닌 후회를 한번은 해본 경험이 있을 것이다. 토론하거나 협상을 할 때 또는 동료들과 대화할 때도 항상 좋은 말만 오가는 것은 아니다. 너무나 자주 공격적인 말들이 주도권을 얻곤 한다. 그때마다 재치 있는 대답으로 받아치고 싶지만, 문제는 꼭 그런 대답이 5분쯤 지난 후에야 떠오른다는 것이다. 언어의 순발력을 키운다는 것은 말을 잘하는 것뿐만 아니라 창의적인 생각을 조리 있게 필요한 순간에 직질하게 표현하는 것인네 그것이 쉽게 되지 않는다.

버스 지나가고 난 뒤에 손든다거나 자다가 봉창 두들긴다는 말이 있다. 봉창도 없고, 오는 버스를 향해 손을 들어 세워 달라는 세상도 아닌 오늘에 이 말은 좀 한물간 것인 것 같기도 하니 썰렁하게 들릴지도 모르겠다. 이 말은 뜻밖의 질문이나 토론에서 예상치 않았던 말이나 문제가 나왔을 때 대답하거나 동참할 타이밍을 놓쳐 뒤늦게야 늦장을 부리고 좀 엉뚱한 행동이나 말을 하여 어울리지 않는 아쉬움이나 시의적절한 대답이 되지 못할 경우를 일컬어서 하는 말이다. 사회생활을 하는 데 도움이 되는 순발력을 키울 수 있는 몇 가지 제안을 공유하고 싶다.

먼저 몇 가지 순발력 있는 유머를 소개하겠다. 카네기가 어렸을 때 어머니의 손을 잡고 과일가게에 갔다. 가만히 서서 뚫어지라고 딸기를 쳐다보자 주인 할아버지가 한 움큼 집어 먹어도 된다고 했다. 그러나 카네기는 계속 쳐다만 보고 있었다. 그러자 할아버지가 자기 손으로 딸기를 한 움큼 덥석 집어서 주었다. 나중에 어머니가 조용히 물었다. "얘야, 할아버지가 집어 먹으라고 할 때 왜 안 집어 먹었니?"라고 말하자 엄마, 내 손은 작고 그 할아버지 손은 크잖아요. 순발력 있는 생각을 재치 있게 발휘하여 행동으로 옮긴 것이다.

슈바이처 박사가 모금 운동을 위해 오랜만에 고향에 들렀다. 수많은 사람이 그를 마중하러 역에 나왔다. 그가 이 열차의 1등 칸이나 적어도 2등 칸에서 나오리라 생각했던 사람들의 예상과 달리 슈바이처 박사는 3등 칸에서 나타났다. 사람들이 왜 굳이 3등 칸을 타고 왔느냐고 묻자 박사는 빙그레 웃으며 대답했다. "이 열차엔 4등 칸이 없더군요." 재치 있는 말을 주저하지 않고 전달하는 순발력을 보여준 것이다.

재치 있는 순발력은 타고난 재능이다. 고치거나 배우기는 쉽지 않은 것 같다. 그러나 유머 있게 말하고 타이밍을 놓치지 않고 순발력 있게 답하는 사람들이나 기분 나쁜 말에도 재치 있게 대답하고 협상이나 토론에서 자신 있게 의사를 표현하는 사람을 보면 몇 가지 공통점을 발견할 수 있다. 청중이나 토론 참석자들의 시선을 사로잡아 순간순간의 변화와 기회를 놓치지 않고 회의나 토론을 진행하는 재치 있는 순발력은 삶에 필요한 중요한 재능이라 하지 않을 수 없다. 재치 있는 순발력은 많은 사람이 내 의견에 동의하여 내 편에 서게 되고 사회나 단체의 지도자가 될 수 있는 덕목 중의 하나다.

재치 있는 순발력을 가진 사람은 먼저 남의 눈을 의식하지 않는다. 세상에서 모든 사람의 마음에 드는 완벽한 사람은 없다. "다른 사람이 나를 어떻게 생각할까?"라는 상상은 순발력을 방해하므로 당장 지워버리는 것이 좋다. 순발력 있게 행동하려면 먼저 남의 눈으로부터 자유로워져야 한다.

먼저 변명 없이 인정하고 자신 있게 대답해야 한다. 나로 인해 발생한 잘못이나 실수에 대해 어떤 변명도 하지 않고 있는 그대로를 인정하면 상대는 오히려 할 말이 없어진다. 언젠가 독일 축구 국가대표팀 감독으로 내정됐던 크리스토프 다움이라는 사람이 코카인 복용 혐의를 추궁하는 기자 회견장에서 "그래요, 서는 코카인을 복용했습니다. 질문하시지요."라고 고백했고, 기자들은 더 이상 질문하지 못했다. 정확한 비판에는 긍정이 가장 현명한 대답이다. 잘못을 인정해도 죄값을 치르게 하는 곳은 재판정에서나 있을 일이다.

남의 의견을 존중하며 품위 있는 언행으로 닥아가라. 품위 있고 좋은 말을 골라 사용하는 습관을 길러라. 그리고 남을 칭찬하는 데 인색하지 말아야한다. 상대의 충고나 비난을 진솔하게 받아들임과 동시에 상대가 나보다는 더 많이 알고 똑똑하다고 키켜세워라. 품위 있는 의견과 칭찬에 상대는 내가 묻지도 않은 문제에 해결책을 제시해 주고 비난하던 말도 거두게 되었다. 일석이조가 따로 있는 것이 아니다.

그 자리에 맞는 유머를 찾아서 재치있게 접근하는 것은 분위기 전환에 좋은 방법이 된다. 그러나 썰렁하거나 좀 오버되는 유머는 오히려 피하는 것이 좋다. 웅성거리는 자리에서 재치 있는 유머는 모든 사람이 나에게 시선을 돌리게 하는 좋은 무기다. 프레전테이션을 하기 위해 단상에 선 사람이 긴장되어 무척 떨고 있었다. 보고 있던 직속상관이 김 과장, 파이팅 하고 소리질렀다. 그 소리에 힘입어 그는 어제저녁에 비아그라를 먹었더니 "간밤에는 효과도 없었고 오늘 늦게야 목이 이렇게 뻣뻣하네요."라고 말해 폭소를 자아내게 하고 모든 이의 시선을 나에게로 돌리게 했다. 긴장되었던 나의 몸과 마음이 눈 녹듯 내려앉아 안정되는 순간이었다.

끝으로 긍정적이고 창조적인 해결책을 제시해야 말 잔치로 끝내지 않은 연설이 될 것이다. 특히나 부정적인 반응이나 감정을 느낄 때는 언제나 그 상황을 대처할 수 있는 해결책을 제안해야 한다. 비협조적이고 반대편에 있는 사람들을 향해 화를 내거나 실망하지 말아야 한다. 개미가 무너진 집을 발견했을 때 가장 먼저 하는 일은 집 지을 재료들을 다시 모으려고 분주히 움직인다. 내 탓이 아니야, 분노, 슬픔, 실망, 복수 등의 감정은 문제 해결에 도움이 되지 못한다.

가야 했던 길과 가야 할 길

십 리 길을 통학하며 학교 다니던 어린 시절에는 매일 꼭 같은 길을 따라 걸었다. 오늘에 와서 되돌아보니 매일 같은 길을 걷고 같은 골목을 지났어도 언제나 같은 길은 아니었다는 생각에 잠긴다. 어느 날은 따뜻한 햇볕이 가득 차 눈이 부시고 어느 날엔 비가 내려 흐리고 질퍽거렸다. 어느 날엔 눈이 내려 은빛 카펫 위를 걷는 기분이고 어느 날엔 등 뒤에서 바람이 세게 불어 함께 날아가는 기분이었다. 골목 어귀 한 그루 나무까지도 어느 날은 꽃을 피우고 어느 날은 잎을 피우고 무성한 나뭇잎에 바람을 달고 빗물을 담고 그렇게 계절을 지나고 빛이 바래고 낙엽이 되고 자꾸 비워 가는 빈 가지가 되고 늘 같은 나무도 아니었다.

길만이 그런 것도 아니다. 세상 만물이 변화무쌍하게 바뀌고 있다. 또한, 같은 것이라도 보는 사람의 눈에 따라 달리 보인다. 시간과 공간의 변화에 따라 달리 보이는 것도 물론이다. 그러나 무엇이든 정확히 보고 판단하는 것은 오로지 나의 몫이다. 남이 쉽게 보지 못하는 것을 찾아내는 능력과 올바른 판단력은 성공의 길잡이가 된다. 살아가는 길에는 이정표도 방향 표시도 없다. 어릴 때는 부모님이나 스승이 길잡이가 되어주었다. 지금에 와서야 맹모삼천의 교훈이 가슴 깊이 느껴진다. 커서는 남이 걸어온 길을 따라 걷기도 했다. 그 길이 내가 가야 할 길인지 아닌지도 모르고 가다 보면 성공도 하고 실패도 했다.

문밖의 세상도 그런 것 같다. 매일 아침 집을 나서고 저녁이면 돌아오는 하루를 살아도 늘 어제 같은 오늘이 아니고 또 오늘 같은 내일도 아닐 것이다. 슬프고 힘든 날 뒤에는 비 온 뒤 갠 하늘처럼 웃을 날이 있었고 행복하다 느끼는 순간 뒤에도 조금씩 비껴갈 수 없는 아픔도 있었다. 느리면 서둘러야 하는 이유가 생기고 주저앉고 싶으면 일어서야 하는 이유가 생겼다. 매일 같은 날을 살아도 매일 같은 길을 걸어도 하루하루 삶의 목적이 다른 것처럼 언제나 같은 길은 아니었다. 길이 아니면 가지 말라는 말은 내가 갈 길을 알아야 하는데 누구도 가르쳐 주지 않는다. 인생길에는 이정표도 방향 표시도 없었다. 비가 내리고 태풍이 분다는 예고도 없었다.

사람들은 누구나 자기가 살아온 날들을 돌아보면 험난한 길들을 잘 해쳐 나왔다고 생각한다. 남들보다 빠르게 꿈에 다다르는 길은 알지 못하고 살았지만 내 삶을 겉돌 만큼 방황하지는 않았다. 아직도 가끔 다른 문밖의 세상일들이 나를 유혹하고 있다. 조금 더 쉬운 길도 있다고 조금 더 즐기며 갈 수 있는 길도 있다고 조금 더 다른 세상도 있다고 유혹한다. 어쩌면 나 같이 우둔하고 고집 세고 어리석어 힘들고 험한 길을 걷고 있는지도 모르지만 돌아보고 잘못된 길을 왔다고 후회한 적 없으니 그것으로 만족해 본다.

이 나이에 내가 가지지 못한 많은 것들과 내가 가지 않은 길들에 대하여 욕심처럼 꿈꾸지 않을 것이다. 가야 할 길이 보이는 나이가 되었다. 이젠 더 가져야 할 것보다 더 많이 나누며 살아야 할 날들이 그리 많아 보이지 않는다. 어느새 내 나이, 한 가지를 더 가지려다 보면 다른 한 가지를 손에서 놓아야 하는 그런 나이가 되었으니까. 내가 행복이라 여기는 세상의 모든 것들을 이젠 더 오래 더 많이 서로 나누고 사랑하고 돕는 일만 남은 것 같다. 가야 했던 길을 선택해서 살아온 날들보다 가야 할 올바른 길을 찾아 살아가야 할 날들이 많지 않기에 서둘러야겠다. 물론 나의 의지와는 상관없이 흘러가려는 삶도 아직 남아 있으니 세상 속으로 문을 나서는 일이 위험할 수도 있을 것이다. 아무도 가지 않은 길이었을지라도 사랑하는 마음으로 가는 사람의 앞날에는 꽃길이 펼쳐질 것이다.

먹으면 오래 사는 것

요즘은 건강하고 오래 사는 것에 관한 정보가 넘쳐흐른다. 무슨 약이 좋고 무슨 운동이 좋고 무슨 음식이 좋고 나쁘고 등등 인터넷이나 유튜브 등에서 검증도 되지 않은 정보들이 혼란스럽게 너무 많이 돌아다닌다. 그래도 사람들이 관심을 두고 읽고 보는 이유는 모두가 건강하고 오래 살고 싶기 때문인 것 같다. 잘못된 생각일까? 사람들은 왜 오래 살고 싶어 할까? 죽기 싫어서? 왜 죽음이 두려울까? 준비가 안 되어서? 무슨 준비가 필요할까? 죽고 나면 불에 태워 없애 버리거나 땅밑에 꽁꽁 묻어버린다. 영혼은 자유롭게 날아다닌다고 한다. 많은 사람이 내가 오래 살아서 다른 사람이나 사회에 끼치는 직접 또는 간접적 피해는 생각하지 않는다. 이중적인 성격을 가진 인간은 너무도 이기적이다.

어느 강연회에서 명사 초청 특강을 들은 적이 있다. 그날의 초청 강사는 명의로 이름이 높은 권위 있는 의사이기를 기대하고 참석했다. 그는 건강에 대해 강연을 하면서 사람들에게 질문했다. "이거 먹으면 오래 삽니다. 이것은 무엇일까요?" 사람들은 잠시 생각하며 웅성거리기 시작했다. 그때 내 뒷자리에 앉아있던 분이 손을 번쩍 들고 말했다. "밥입니다. 밥 많이 먹으면 오래 살죠. 밥이 최고입니다." 사람들은 모두 유쾌하게 웃었지만, 강사는 다른 답을 원하고 있는 것으로 보였다. 물, 홍삼, 채소, 버섯에서부터 비타민, 단백질, 칼슘 등에 이르기까지 많은 것들을 말했다. 유튜브나 인터넷을 많이 본 사람들이었다. 어떤 사람이 손을 들며 확신에 찬 목소리로 "욕입니다. 욕 많이 먹으면 오래 삽니다."라고 말해 한 번의 폭소를 자아냈다.

사람들이 다양한 답을 쏟아낼 때 유명 의사라는 강사는 이렇게 말했다. "정답은 나이입니다. 나이 많이 먹으면 오래 사는 거잖아요." 사람들은 즐겁게 웃었지만 나는 실망하고 말했다. 명의답게 과학적인 근거에 의한 의학 정보를 공유하는 자리로 기대하고 온 나에게 유머나 듣고 있기에는 너무 한가한 느낌이었다. 그래서 나도 유머 서럽게 나이는 먹으면 오래 사는 것이 아니라 죽는 것이라고 중얼거렸다. 특강이 아니라 웃기고 있는 이야기였다. 유머 섞인 유튜브를 보는 기분이었다. 그런데 그 강사도 그러면 "이거 먹으면 죽는 것은 무엇일까요?"라며 이야기를 계속했다. 이 질문에 대답도 나이였다. 나이 먹으면 오래 살고 또 나이 먹으면 죽는 거다. 먹으면 오래 사는 것과 먹으면 죽는 것에 대한 공통된 대답이 나이라고 생각하니 유머로서는 써먹을 수 있겠다고 생각되었다.

여기서 우리는 나이를 먹으며 죽어가는 사람이 있는가 하면 나이를 먹으며 잘 살아가는 사람이 있다는 사실을 생각해 봐야겠다. 죽지 못해 사는 사람이 있는가 하면 보람 있게 여생을 마무리하는 사람도 있다. 우리는 산다는 것을 보면서 각자의 기준에 따라 다른 생각을 한다. 어떤 사람은 긍정적으로 또는 부정적으로, 어떤 사람은 희망적으로 또는 회의적으로, 또 어떤 사람은 이상적으로 또는 아주 현실적으로 보아 다양한 해석이 나온다. 같은 것을 보면서 다른 생각을 하는 사람들을 보면 "세상은 내 마음먹기에 달렸다."라는 말이 생각난다. 그러나 이것은 다 남이 나를 평가하는 것일 뿐 중요한 것은 본인의 의지와 삶에 대한 철학이다. 나이를 먹으면 죽는다고 보다 나이를 먹으며 산다는 긍정적인 마인드로 오래 사는 것보다 어떻게 살아야 잘 사는 것인지를 생각해야 할 것이다.

오늘 내가 어떤 마음을 먹고 사느냐에 따라 내 인생의 미래가 결정될 것이다. 오늘을 살아가는 우리에게는 두 가지 선택이 있는 것 같다. 하나는 거울을 보며 늙어가는 자신을 한탄하는 것이고 다른 하나는 자신의 위치에 만족하며 오늘을 즐겁게 보내고 행복한 내일을 설계하는 일이다. 우리에게는 같은 오늘이 주어졌다. 어떤 오늘을 선택하느냐가 바로 우리의 인생이다. 나이를 먹으며 오래 살 수 있는 행복을 찾아야겠다.

초심(初心)

설날 아침에 부모님께 세배한 다음 나는 나 자신과 약속을 했다. 이 해에는 더 많이 효도하겠다. 그다음 해 언젠가는 올해에는 하루도 빠짐없이 일기장을 쓰겠다. 또는 내 용돈에서 10%를 저축해 가난한 친구를 도와주겠다. 취직하여 직장에 나가는 첫날에도 뭔가는 다짐했었다. 커서는 첫사랑을 만나며 그녀와 한 약속 등 흔히 있는 초심을 나 역시 가져 보았다. 누구나 이 정도의 초심은 다 가져 보았을 것이다. 얼마나 잘 지켜졌는지는 공개하지 않겠다. 직가의 프라이 버시니까.

내가 가졌던 초심 중에서 지키지 못한 것이 하나 있다. 공개해서 당신의 의견도 듣고 싶어진다. 나는 독일에서 공부를 마치고 귀국하여 부모님 모시고 고향을 지키며 가족과 함께 소박하게 살겠다고 마음먹었던 초심을 지키지 못한 것이 오늘에도 나에게 부담이 되고 물음표를 던지고 있다. 왜 한국으로 가지 않고 미국으로 왔을까? 나 자신과의 약속을 왜 지키지 못했을까? 사랑하는 부모와 내가 지켜야 할 자식들 사이에서 갈 길을 결정한 것이 잘한 것인지 잘못인지 아직도 명확한 답이 나오지 않는다.

둘 다 충족시키고 모두를 행복하게 해줄 수 없을 것 같은 불안감에 많이 망설이다 선택한 길이였다. 그러나 오늘도 지키지 못한 초심은 나를 슬프게 만든다. 나를 애타게 기다리던 부모님이 떠난 오늘에도. 나에게 기대를 걸고 평생을 자식 잘되기를 바라며 살아오신 나의 부모님이셨는데. 그런데 문제는 오늘 다시 내가 똑같은 선택의 길목에 섰다면 어떻게 할까 생각해도 명확한 답이 보이지 않는다. 불효자인가 보다.

초심이란 맨 처음으로 가졌던 마음을 뜻한다. 일반적으로 특정한 목적이나 목표를 향해 마음을 정하고 본격적으로 어떠한 일을 추진하기 시작했을 때 그 일에 대해 맨 처음 지녔던 순수한 의도와 먹었던 마음가짐을 의미한다. 초심은 처음에 다짐하는 마음이다. 거기엔 첫사랑의 마음, 겸손한 마음, 순수한 마음, 배우는 마음 등이 들어 있다. 그러기에 초심을 저버리지 않으면 도끼를 갈아 바늘을 만드는 것도 가능하다는 초심불망 마부작침(初心不忘 磨斧作針)이라는 고사가 바로 그것이다. 또한, 처음 발심한 그때가 바로 올바른 깨달음을 이룬 때라는 가르침을 주는 초발심시변정각(初發心是便正覺) 이란 구절이 있다. 초심은 결혼식장에서 한 신랑 신부의 약속, 대통령에 당선된 첫날 국민에게 한 약속, 비정규직에서 정규직이 된 첫날 먹은 마음, 설날 아침에 자신과 한 약속 등을 들 수 있겠다. 그래서 초심은 우리가 아껴야 할 마음이다.

훌륭한 인물이 되고 중요한 과업을 성취하기 위해서는 세 가지 마음이 필요하다고 한다. 첫째는 초심, 둘째는 열심, 그리고 셋째는 뒷심이다. 그중에서도 가장 중요한 마음이 초심이다. 그 이유는 초심 속에 열심과 뒷심이 담겨있기 때문이다. 초심에서 열심히 나오고 초심을 잃지 않았을 때 뒷심이 나온다. 가장 지혜로운 삶은 영원한 초심자로 살아가는 것이다. 우리가 무엇이 되고 무엇을 이루었다고 생각할 때가 가장 위험한 때이다. 그때 우리가 점검해야 할 마음이 초심이다. 우리 인생의 위기는 초심을 잃었을 때 찾아온다고 한다. 초심을 상실했다는 것은 교만이 싹트기 시작했다는 것이다. 마음의 열정이 식기 시작했다는 것이다. 겸손을 배우려는 마음을 상실해 가고 있다는 것이다.

초심을 잃게 되는 이유는 일반적으로 매너리즘에서 비롯되는 경우가 많다. 숭고한 목표를 세우고 이에 노력하기를 수없이 다짐해도 시간이 지나 이 행동이 반복될 경우 이것은 일상으로 인식된다. 반복되고 변함없는 일상은 매너리즘을 불러오고 이것이 초심을 잃게 하는 원인이 되는 것이다. 물론 이것에 예외가 존재할 수는 있는데 외부환경의 압박이 그것이다. 초심을 잃지 않기 위해서 우리는 초심과 거리가 얼마나 떨어져 있는지 정기적으로 마음을 관찰해야 한다. 초심은 사랑과 같아서 날마다 가꾸지 않으면 마음에서 멀어진다.

택시 타기 쉽지 않네

한국을 가끔 방문하는 나는 서울의 한 지하철역에서 내려 어느 출구로 나가야 내가 가려는 방향으로 갈 수 있는지 몰라 두리번거리며 찾아 나갔다. 오는 택시를 세워 xx 호텔에 간다고 말했다. 택시 기사는 정색을 하며 큰 소리로 그 호텔은 바로 저 반대편에 있는데 왜 여기로 나와 태워달라고 하느냐며 방향이 다르니 내려서 저쪽에 가서 타라고 했다. 기사의 행동과 말은 원리원칙과 논리에 맞는 사회생활에 익숙한 나에게는 상당히 불쾌하게 들렸다. 최소한의 예의나 영업하는 사람이 지켜야 할 손님에 대한 배려는 전혀 볼 수 없었다. 나도 오기가 나서 내가 공짜로 태워 달라는 것도 아닌데 손님이 가자는 데로 가면 되는 것 아니냐고 했었다. 기사는 무시당한 기분으로 당신 같은 사람의 돈 필요 없으니 내리라며 큰소리를 쳤다. 나름대로 자존심이 상한 모양이었다. 나는 택시에서 쫓겨나 또 그냥 그 자리에 서 있었다. 나는 내 돈 주고도 마음대로 택시를 탈 수 없는 나라가 있는구나 하는 생각에 화가 났었다. 내가 택시 기사를 무시한 것도 아니고 돈 있다고 자랑한 것도 아닌데.

얼마 후에 또 한 택시가 내 앞에 섰다. 나는 택시에 올라앉자마자 목적지의 주소가 적힌 종이쪽지를 기사에게 내밀며 경상도 사투리로 "아재요, 내가 시골서 올라왔는데 여기까지 좀 태워다 주이소."라고 말했다. 나를 흘깃 쳐다보던 기사는 아무 말 없이 출발했다. 자기보다 못한 시골 노인이니 도와준다는 생각이 난 것 같이 보였다. 돈 받고 태워주면서 무슨 선심을 쓰는 것 같은 기사를 보며 "나 시골에서 온 사람이 아니고 미국에서 왔어." 하면서 속으로 웃었다. 택시 한번 타는데도 심리학자가 되어야겠구나 하는 씁쓸한 생각이 들었다.

다음 날은 오랜만에 친구 집을 찾아가는 길이였다. 친구는 집이 소위 말하는 변두리 달동네에 있으니 택시를 타도 기사들이 불평불만을 한다고 조심하라며 알려주었다. 가는 길에 핸드폰 벨이 울려 전화를 받았다. 그런데 기사 아저씨가 라디오 볼륨을 줄이는 것이 손님에 대한 배려였다. 처음으로 남을 배려하는 기사를 만난 것 같아 기분이 좋았다. 통화를 끝낸 후 이런저런 대화가 오갔다.

기사 아저씨는 얼마 전까지만 해도 종업원이 꽤 많은 회사를 운영한 사장이었다고 말했다. 그러나 경기도 안 좋고 나이도 많아지면서 원치 않았던 퇴직을 하게 되었고 집에서 쉬고 있었다. 처음에는 아내를 비롯해 식구들도 다 반겼었다. 함께 여행도 가고 맛있는 식당을 찾아 외식도 하고 영화 구경도 가고 좋았지요. 그런데 날이 갈수록 아내와 늘 붙어 있으니까 마찰이 생기고 보기 싫은 일들이 많이 생겼다. 그렇다고 매일 등산을 갈 수도 없고 친구들과 만나는 것도 한두 번이지, 점점 갈 곳도 없어졌다.

오늘은 아내 몰래 저축해둔 비자금으로 자동차를 한 대를 사고 개인택시 등록을 마쳤다. 택시를 운전하고 집에 돌아오니 가족들이 놀라는 눈으로 쳐다보았다. 자초지종을 설명하고 아빠는 내일부터 택시 영업을 한다고 용기 있게 말했다. 아내는 반신반의하면서도 기분은 나빠 보이지 않았다. 첫 손님을 태워다 주고 8,500원을 받았다. 기분이 좋았다. 돈의 소중함을 알게 해주고 행복을 알게 해주었다. 그동안 살면서 모두 나에게 돈을 달라고만 했지 돈을 주는 사람은 없었다. 회사 직원들도 그렇고, 식구들도 그렇고, 나는 돈을 주는 사람이고 그들은 돈을 받는 사람이었다. 그런데 지금은 모든 사람이 나에게 돈을 주는데 얼마나 기쁜 일인지 기분이 아주 좋았다.

저는 돈을 주는 손님들에게 늘 감사하다는 인사를 했다. 당신들이 나를 행복하게 만들어 주는 고마운 분들이라며. 나는 아내에게 매일 2만 원씩 용돈을 주었다. 내가 일을 마치고 새벽 4시경에 집에 들어가면 온갖 맛있는 저녁상을 차려놓고 기다리는 아내와 함께 하루의 피로를 풀었다. 얼마 전까지만 해도 늘 다투기만 했었는데 지금은 다툼은커녕 행복한 대화뿐이다. "저는 먹고사는 데는 지장이 없습니다. 그런데 있는 돈만 쓰고 남은 인생을 낭비하기는 너무 아깝지 않습니까?"라며 기사 아저씨는 대화를 이어갔다.

그는 택시 운전을 하면서 철칙 하나를 세웠다고 말했다. 손님들에게 절대로 먼저 말을 걸지 말자. 손님들도 지금 이 순간이 다 중요한 시간이다. 쉬고 싶은 사람, 잠을 자고 싶은 사람, 무언가 골똘히 생각하고 싶은 사람, 그들을 배려하는 것이 최소한의 예의다. 상대방은 생각하지도 않고 나만 좋다고 아무 생각 없이 정치가 어떻고 사회가 어떻고, 대통령이 어떻고…. 내가 알면 얼마나 안다고 손님 앞에서 열변을 토하겠는가. 나는 손님들이 먼저 말을 걸어오면 대답을 하면서 대화를 할 분인지 아닌지를 가늠하고 대화를 시작한다. 나와 대화를 마치고 차에서 내리면서 잔돈을 팁으로 주고 가시는 경우가 있다. 얼마나 고마운 일이냐. 진정으로 감사하는 마음으로 주고받는 마음이 너무 행복했었다.

행복이란 저 높이 있고, 많은 돈에서 나오고, 많이 배우고 권력과 힘이 있어야만 행복하리라 생각했었다. 물론 이런 것들이 행복의 조건은 아닐지 몰라도 도움이 될 수도 있고 걸림돌이 되어 불행을 초래할 수도 있음을 알게 되었다. 그래서 지금은 생각이 바뀌었다. 행복은 사소한 곳에서, 작고 조용한 곳에서도 얼마든지 생기고 샘솟는다는 사실을 체험하고 있었다. 오히려 손님 중에는 돈도 많고 많이 배운 것 같은 사람들이 더 불행하고 안절부절못하고 매사가 급하고 성질을 참지 못하는 분들이 보였다. 오늘도 내 차를 타주신 손님들에게 감사드린다. 그늘 밑에 차를 세우고 도시락을 먹으며 행복이란 무엇일까를 또 한 번 생각해보았다.

행복은 어디서 오는 것이 아니다. 먼 데서 찾지 말아라. 당신이 지금 하는 모든 일이 행복임을 느껴야 한다. 행복이란 누구랑 함께하며 나누면 더 좋고 기쁘고 즐거움을 느낄 수 있다. 상대가 나에게 좋은 말이나 일을 먼저 해주기 전에 내가 먼저 찾아가서 마음을 터놓고 사랑과 용서의 이야기를 먼저 하게 되면 상대도 나에게 다가오는 것이 사람이고 세상을 살아가는 인생임을 알았다. 오늘도 택시 운전대를 잡는 행복이 이런 것이구나 하고 미소 지었다. 나로 인해 가족이 행복하고 나 자신에게 부끄럽지 않으니 마음이 넉넉해진다. 고맙다는 인사를 하고 떠나는 손님을 보면서도 행복을 느낀다.

좋은 말하기 좋은 말 듣기

사람들은 좋은 말이나 칭찬하기에 인색한 것 같다. 내가 인색해서인지 나에게 좋은 말이나 칭찬을 해주는 사람도 그리 많지 않아 보인다. 그 사람의 눈에는 칭찬하고 좋은 말 해 줄 것이 보이지 않을 뿐만 아니라 보여도 칭찬하고 좋게 말해줄 마음이 내키지 않는 경쟁 사회가 되어서인지 모르겠다. 세상이 그렇게 만든 것인지 우리가 그렇게 살아가는 것인지 모르겠다. 뉴스를 보아도 부정적이고 비방하는 말뿐이지 좋은 소식이나 칭찬은 들리지 않는다. 어느 모임에서의 대화를 보아도 칭찬보다는 경쟁이나 비꼬아서 하는 말이 많이 들리고 곱고 좋은 말보다 거칠고 가시 돋친 말들이 더 많이 오가고 있다.

진심이 담긴 칭찬이나 용서 또는 무심코 내뱉은 비방의 말 한마디가 그 사람 인생의 앞날에 큰 영향을 미친다. 사소한 일에도 꾸중보다는 칭찬을, 일상의 대화에서도 거친 말보다는 좋은 말을 쓰는 습관을 기르자. 수고했어라는 말 한마디가 피곤함을 씻어 주고 고맙다는 말 한마디가 새 힘을 얻게 하며 괜찮다는 용서의 마음이 담긴 말 한마디가 얼마나 따뜻하게 들리는지 모른다.

어느 성당에서 신부가 미사를 드리고 있었다. 신부 곁에서 시중들던 복사 소년이 실수로 성찬 전례에 사용하는 포도주잔을 엎질러 버렸다. 잔은 깨어지고 포도주가 제대 위에 쏟아졌다. 신부는 노하며 소리를 지르며 "다시는 제단 앞에 나타나지 마라" 하고 호되게 나무랐다. 비슷한 일이 다른 성당에서도 일어났다. 그 성당의 신부는 화를 내지 않고 "괜찮다. 나도 어렸을 때 실수를 많이 했단다. 힘내거라."라고 하면서 복사를 다독였다.

성당에서 쫓겨난 소년은 커서 유고슬라비아의 대통령이 된 조셉 티토인데 그가 신부로부터 받은 꾸중의 말 한마디에 의해 천주교 신자로 살기를 거부하고 무신론자가 되었다고 고백한 적이 있다. 공산주의 독재자로 군림하였고 가톨릭교회 사제들을 체포해 재판에 세우는 등 바티칸과 마찰을 빚었다. 그와 반대로 포도주를 쏟고도 따뜻한 위로를 받은 소년은 성장해서 천주교 대주교가 된 폴턴 쉰이다. 복음 전도의 대가인 그는 비밀이 있었다. 그는 개인적으로 일찍이 겪은 한 계시의 기회를 소중히 여겼다. 그것은 풍성한 은총이 그에게 어렸을 때 있었던 일이라고 했다. 그리고 어릴 때 복사를 하면서 제대에 포도주를 쏟았는데도 괜찮다고 다독여준 신부의 말 한마디에 사랑과 용서를 배웠다고 했다.

사랑한다는 말 한마디에 무한한 행복을 느끼고 고생했다는 말 한마디에 힘든 줄 모르고 잘한다는 말 한마디에 어깨가 으쓱해지고 행복하다는 말 한마디에 자부심이 생겼다. 좋은 말과 칭찬을 하는 것도 중요하지만 그 말을 잘 새겨듣고 더 나은 길로 나갈 수 있는 지혜를 길러야 한다. 티토 대통령이 그 신부의 질책을 이해하고 잘 받아들였다면 독재자나 무신론자가 되지 않았을 것이다. 그와 반대로 폴턴 쉰 주교는 사랑과 용서의 말 한마디가 교훈이 되어 훌륭한 성직자가 되었다. 상대방의 말을 잘 알아들어야 하는 능력을 길러야 한다. 그것이 충고나 질책일 때는 칭찬이나 좋은 말 보다 더 주의 깊게 경청해야 한다.

중국의 철학자 장자는 듣는(聽) 것에는 네 가지 단계가 있다고 한다. 귀로 듣는 단계, 마음으로 듣는 단계, 기(氣)로 듣는 단계와 비움(虛)을 통한 단계가 그것이다. 똑같지는 않지만, 영지주의나 카발라에서 말하는 문자적 차원, 심적 차원, 영적 차원과 신비적 차원과 상응하는 것 같아 신기하게 여겨진다. 세 단계를 지나 완전히 마음을 비우고 도가 들어오도록 준비하는 과정을 두고 장자는 "심재(心齋 - 마음 굶김)"이라고 했다. 글을 읽는 것도 네 가지 단계가 있다. 문자를 읽는 단계, 행간을 읽는 단계, 작가의 마음을 읽는 단계, "나"를 읽는 단계가 있다고 한다. 같은 글 같은 소리도 읽는 이, 듣는 이에 따라 이해도가 천지 차이가 난다. 궁극적으로 나를 읽고 내 마음의 소리를 듣는 것이다. 비워야 보이고 비워야 들린다.

우리의 세심한 배려의 말 한마디가 상처를 없애주고 때에 맞는 말 한마디가 긴장을 풀어주고 부드러운 말 한마디가 마음의 문을 열게 하고 즐거운 말 한마디가 하루를 빛나게 만든다. 좋은 말은 듣기에 좋지만, 충고나 비방은 듣기에 거북하다. 그러나 둘

다 새겨들어야 한다. 그 뜻이 무엇인지를 잘 파악해야 한다. 그 사람이 나에게 그런 말을 할 이유가 없는 데라고 생각하지 말라. 물어보아도 정확한 대답은 나오지 않을 것이다. 내가 알아내어야 한다. 그에 못지않게 새겨듣는 능력은 그 말의 효과를 극대화한다. 말을 많이 하는 것보다 경청하고 이해하는 것이 더 중요한 것이다.

옛날 다방 이야기

요즘 젊은이들은 다방이 무엇인지 모른다. 다방 커피라는 것은 알아도 왜 다방 커피라 부르는지도 잘 모를 것이다. 조그마한 튜브 속에 옛날 다방에서 제공하는 한 잔 커피의 재료, 커피 가루에 분유와 설탕이 다 들어 있기에 다방 커피라 부르는 것으로 알고 있다. 여기에 뜨거운 물만 부으면 커피 한 잔이 되고 달걀 하나를 깨트려 넣으면 반숙의 모닝커피가 되었다. 옛날엔 그렇게 마셨다. 나이 60대 후반이 지난 사람은 다 기억할 것이다.

그 당시의 다방에는 낭만도 있었고 사랑도 있었고 남자들의 자존심도 있었지만, 눈물 쏟아내는 이별의 장이기도 했었다. 가끔 열리는 축구나 농구 경기의 단체 관람장이기도 했으니 그 당시 다방은 한국적 명물로 어른들의 사랑방, 대학생들의 만남 방, 직장인들의 휴식공간, 동네 한량들의 아지트였으며 데이트와 맞선 공간, 가짜 시계 등이 거래되는 상거래 공간, 음악 감상 공간 등 "거리의 휴게실" 이자 만남의 장소 역할을 톡톡히 했다.

1945년 해방 무렵 서울에 60여 개의 다방이 있었고 1950년대 말엔 1,200개로 늘었다고 하는데 1990년 초에는 전국에 4만 5천 개의 다방이 있었다고 한다. 그러다 1990년 말에 IMF 이후 급격히 줄어들었고 2000년대에 들어서면서 반세기를 누려온 다방은 역사의 뒤안길로 사라져갔다. 이것이 오늘날 30대 미만의 젊은이들은 모르지만 꼰대들의 추억이 담긴 옛날 다방의 역사다. 이야기를 좀 더 계속해 보면 음악 감상실이 생겨나기 전까지 항구도시 부산의 광복동과 남포동에도, 대구 반월동에서 동성로를 거쳐 대구역으로 가는 큰길이나 골목길에도 우후죽순처럼 다방이 마구 생겨나고 있었다. 작은 부스에 DJ가 들어앉아 김추자 노래도 송창식의 고래사냥이나 팝송도 틀어주면서 때로는 "양복점 김 사장님 카운터에 전화 왔습니다."라는 안내 소리가 들렸다.

음악 감상실의 역할까지 하면서 읍내다방, 향촌다방, 심지다방, 수다방, 왕비와 왕다방, 황금다방, 중앙다방에서 서서히 이름이 바뀌어 송죽다방, 준(Jun)다방, 다방 런던, 뉴욕다방까지 한 사대를 풍미했다. 젊은 청춘들을 위한 시내 중심가를 벗어난 다방은 카운터에 중년 여성인 마담이 앉아있고 레지(Lady)라고 불리는 젊고 예쁜 아가씨들이 커피를 날라주는 동안에 구슬픈 뽕짝 가락이 손님들의 가슴을 저윽히 적셔주는 그런 형태였다.

그 당시 사람치고 시골 읍내는 말할 것도 없고 시내 중앙통에 있는 다방의 마담이나 레지와의 사연 하나 없는 사람도 없을 것이다. 아무런 목적도 없이 그냥 노닥거리며 시간을 보내려고 주막에서 세련된 다방으로 가는 사람들도 많았다. 다방에 들어서면

낯익은 마담과 레지가 경쟁하듯 환하게 맞아주었고 손님이 자리에 앉으면 어김없이 옆자리에 살포시 앉으면서 속 보이는 친절을 떨었다. 손님들은 오랜만에 만난 오빠보다 더 정겹게 팔짱을 끼며 애교까지 부리는 그 분위기를 우쭐하며 즐기고 있었다.

커피 한잔 가져와 하는 손님의 주문이 떨어지자마자 "저도 한잔하면 안 될까요?"가 곧바로 이어졌고 그 상황에서 "NO!"는 있을 수 없었다. 70년대 후반 들어 야쿠르트로 바뀌기도 했지만. 요즘이야 맹숭 커피 한잔에도 서민들의 점심값보다 더 비싼 값을 내면서 마시지만, 그 당시 커피 한잔은 실없는 농담에 가벼운 신체접촉의 기회까지 주었으니 참으로 옹골진 값어치였던 셈이다. 분위기가 무르익었다 싶으면 마담이나 레지의 "우리 쌍화차 한 잔 더하면 안 될까요?"라는 비싼 차 주문이 발사되고 여기에도 "NO!"는 거의 없었다.

그 시절 그렇게 분위기가 익어가는 것이 뭇 사내들의 멋이었고 낭만이기도 했지만, 마담이나 레지에게는 매출을 올려 주인에게 좋은 근무 평가를 받는 기회였었다. 그런 손님과 레지의 합작품은 나중에 티켓다방으로 발전하기도 했지만, 그 당시 인기 레지는 거의 연예인 대접을 받았던 것 같다. 어느 다방에 멋진 레지가 왔다는 소문이 들리면 그 다방에는 한동안 문전성시를 이루곤 했는데 레지가 인기를 누렸던 현상은 그 시대를 대변하는 특이한 풍경이기도 했다.

6~70년대의 다방에서는 커피라고는 한 종류만 있었기에 손님들은 그냥 커피를 주문만 하면 되었다. 물론 우리와는 조금 다

르지만, 미국에서도 초기에는 모든 종류의 커피를 그냥 조(Joe)라고 불렀으며 한 잔의 커피란 뜻의 한 컵의 조 (a cup of Joe)라 부르며 카우보이들이 즐겨 마시는 모습을 보았다. 다방이 아닌 요즘의 커피전문점 카페에서 커피 메뉴판을 보면 커피 종류가 다양하고 하나같이 그 이름이 복잡하고 뭔지 알아보기 어렵다. 에스프레소(Espresso)는 진한 커피, 아메리카노(Americano)는 연한 커피, 카페라테(Caffe Latte)는 우유 커피, 카푸치노(Cappuccino)는 거품 커피 등으로 불리면 좋을 텐데.

다방에서 Cafe로 세월 따라 이름도 변해가니 한때 옛날 다방을 주름잡던 청춘에게 나이만큼 추억이 몰려온다. 옛날 다방의 커피는 한 가지뿐이었기에 맛도 특별하게 다른 것이 없었다. 그러나 요즘은 제과점에서 파티시에(Patissier) 수준을 알고 싶으면 빵의 기본인 단팥빵과 크림빵을 맛보면 되듯이 에스프레소와 아메리카노를 마셔보면 그 카페 바리스타(Barista)의 수준을 알 수 있다고 한다.

한 잔의 커피에는 반드시 꽃향기가 있으므로 꽃향기가 풍성한 커피를 좋은 커피라고들 한다. 그러나 요즘의 다양해진 커피의 맛과 향이 진하겠지만 낭만의 옛날 다방에서 마시는 커피보다 더 낫다고 말하기도 어려울 것이다. 커피를 한잔하고 마담과 레지의 환송을 받으며 다방 문을 나설 때의 기분은 커피 맛 외의 또 다른 그 맛을 요즘 사람들이 알 수 있을까? 영화도 흘러간 영화가 정겹고 가슴에 와닿듯이 커피도 옛날 다방의 커피 맛이 한결 감미롭게 느껴진다. 나는 무슨 뜻인지도 모르는 요즘 아이들의 노래를, 요즘 젊은이들이 내 나이 되었을 때 청춘 시절을 회상하며 "그때는 방탄소년단 노래가 참 좋았는데"라고 할까 하는 의문도 가져 본다. 하긴 우리의 부모님들도 남인수나 고복수의 노래만이 노래였지 김추자나 송창식의 노래는 소음일 뿐이었겠지만.

양장을 걸치고 카운터에서 무게 잡던 그 마담과 미니스커트를 입고 아양 떨던 그 레지는 지금쯤 뭘 하고 있을까? 그들도 그 시절을 그리워하고 있을까?

2

외로운 나그네 이별 | 54

내 생애 두 번째 삶 | 57

어디쯤 왔을까? | 62

마음과 말의 깊이 그리고 뜻 | 67

철학자 칸트 | 72

위대한 대통령 | 76

행복을 나누는 사람들 | 81

벗이 그리워질 때 | 85

경륜과 경력의 차이 | 89

나를 슬프게 하는 말과 글 | 93

외로운 나그네 이별

세상엔 흐르는 것과 흐르지 않는 것이 있다. 흘러야 하는 것이 흐르지 않아도 문제가 되고 흐르지 않아야 하는 것이 흐르면 이변이 생긴다. 흐르는 것을 우리는 무상과 허무라고 말하며 멈춘 삶은 영원하지 않다는 것을 알고 있다. 하늘엔 구름이 땅엔 강물이 흐르는 무상을 날마다 보고 있지만, 가끔 내 생각은 흐르지 못함을 느낀다. 한곳에 머물러 잠시 만족하는 삶은 영원을 놓치고 날마다 산책을 한들 사색과 명상은 따라오지 못하니 늙은이의 무릎과 허리만 아프다. 강물처럼 구름처럼 흘러감이 영원할 뿐 머문 곳에는 아무것도 없어 보인다.

흘러가다 보면 언제 떠나는지 서로 몰라도 서로 만나 웃기도 하고 울기도 하고 애절한 사연 서로 나누다 갈림길 돌아서면 어차피 헤어질 사람들이다. 흘러가는 삶에서 사랑하며 살아도 너무 짧은 시간, 베풀어주고 또 줘도 남는 것들인데 뭔 욕심으로 무거운 짐만 지고 가는 고달픈 나그네 신세인가? 그날이 오면 다 벗고 갈 것인데. 사랑한 만큼 사랑받고 도와준 만큼 도움받는

데 심지도 않고 거두려고만 몸부림쳤던 부끄러운 나날들, 우리 서로 아끼고 사랑해도 허망한 세월인 것을, 미워하고 싸워봐야 상처 난 흔적만 훈장처럼 달고 갈 것이 아닌가. 언젠가 우리는 외로움을 안고 다 떠날 나그네인 것을.

사람들은 다 외롭게 살아간다. 타향에서 홀로 사는 사람만이 외로움을 느끼는 것은 아니다. 고향을 지키고 부모·형제와 함께 살아도 외로움을 느낀다. 그래서 "울지 마라 외로이니까 사람이다." 살아간다는 것은 외로움을 견디는 일이다. 공연히 오지 않는 전화를 기다리지 마라. 눈이 오면 눈길을 걸어가고 비가 오면 빗길을 걸어가라. 갈대숲에서 가슴 검은 도요새가 너를 보고 있다. 가끔은 하느님도 외로워서 눈물을 흘리신다. 새들이 나뭇가지에 앉아있는 것도 외로움 때문이고 네가 물가에 앉아있는 것도 외로움 때문이다. 산 그림자도 외로워서 하루에 한 번씩 마을로 내려온다. "종소리도 외로워서 울려 퍼지다."라는 정호승 시인의 글이다. 인간의 외로움을 아주 잘 표현한 시로 보인다. "외로우니까 사람이다."에서 나는 슬픔보다 안도감을 느낀다. 나만 외로운 게 아니라 외로움이 공평하다는 건 위로가 된다.

인생무상의 나그네길을 걷고 있는 우리는 바람이 있기에 꽃이 피고 꽃이 져야 열매를 맺을 것이니 떨어진 꽃잎을 주워들고 울지 않는다. 저쪽 저 푸른 숲속에 고요히 앉은 한 마리 새야 부디 울지 마라, 인생이란 희극도 비극도 아닐진대 산다는 건 그 어떤 이유도 없는 것이다. 세상이 내게 들려준 이야기는 부와 명예가 많을지라도 세월이 내게 물려준 유산은 사랑과 평화임을 알고 살면 되는 것이다. 불지 않으면 바람이 아니고 늙지 않으면 사람이 아니고 가지 않으면 세월이 아니겠지. 세상엔 그 어떤 것도 무한하지 않다. 아득한 구름 속으로 아득히 흘러간 우리의 젊은 한때도 그저 통속하는 세월의 한 장면일 뿐이다.

당신은 초월(超越)이라는 말을 알 것이다. 흘러가는 삶에 노년이라는 나이는 눈가에 자리 잡은 주름이 제법 친숙하게 느껴지는 나이라고 한다. 삶의 깊이와 희로애락에 조금은 의연해지고 잡아야 할 것과 놓아야 할 것을 알게 되고 눈으로 보는 것뿐만 아니라 가슴으로도 삶을 볼 줄 알게 되었다. 자신의 미래에 대한 소망보다는 자식들의 미래와 소망을 걱정하면서 여자는 남자가 되고 남자는 여자가 되어 밖에 있던 남자는 안으로 들어오고 안에 있던 여자는 밖으로 나도니 여자의 팔뚝은 굵어지고 남자는 다리에 힘이 빠져 방안에 누워 있게 되었다.

뜨거운 커피를 마시고 있으면서도 가슴에 한기를 느끼고 냉차를 마셔도 가슴이 시원해지지 않으니 먼 들녘에서 불어오는 한 줌의 바람에도 괜스레 눈시울이 붉어진다. 겉으로는 성공하고 많은 것들을 가진 것처럼 보이겠지만 가슴속은 텅 비어 있는 것 같다. 외로운 나그네의 길, 드디어 끝이 보인다. 이별의 때가 다가오고 있다.

내 생애 두 번째 삶

친구는 63세의 나이에 대기업 사장직에서 퇴직했다. 일류대학을 나와 일류 회사에서 부럽지 않은 삶을 살았다. 자주 만나는 고등학교와 대학 동창 중에 장관도 하고 장군도 되고 교수도 하고 시인도 되고 사장도 하고 국회의원도 된 친구들이 있었다. 학생운동을 하고 인권 변호사로 일하다 오랜 세월을 교도소에서 보낸 동창도 있었다. 잘나가는 친구였지만 10여 년 전에 사랑하는 아내를 하늘나라로 보냈다. 그 후 아들딸을 결혼시키고 지금은 큰집에 홀로 살고 있었다. 퇴직 후 처음 반년 정도는 너무 좋았다. 자신을 위한 나만의 시간을 가질 수 있었다. 잠에서 깨면 그때부터 자유다. 하루라는 시간이 모두 그의 것이었다. 무얼 하든 무얼 먹든 본인의 마음대로였고 아무런 구속도 속박도 의무도 책임도 없었다. 무엇이든 본인이 알아서 하면 되고 이래라저래라 간섭이 없으니 완전히 자주적이고 민주적이라 생각되었다. 인생이 이렇게 넉넉하고 풍요로운지 몰랐다.

더구나 무슨 짓을 해도 그릇됨이 없고 무슨 일을 해도 부끄럼

이 없다는 나이에 들었으니 정말 자유다. 할 일이 없으니 친구들과 자주 만났다. 하루는 장관을 지낸 친구와 장군을 하다 예편한 친구와 함께 점심을 같이 먹었다. "장관 할 때 좋았지"라고 했더니 "장관 넉 달 만에 쫓겨났어! 엊그제는 지하철을 타고 가다가 그때 데리고 있던 부하를 만났어! 나보고 의아한 얼굴로 장관님도 지하철을 타십니까?" 하고 묻더라고. "장관 괜히 했어. 그것 때문에 오히려 부담만 돼!"라며 술잔을 기울였다. 중장에서 대장을 달아 참모총장이 되는 것이 꿈이었던 친구는 어느 선거가 끝나는 날 새벽에 자신이 선 줄이 잘못 선 줄임을 알았다고 말했다. "전역당한 지 1년도 안 되었는데 내가 장군을 했는지 벌써 기억이 가물가물해! 아스라한 옛날에 병정놀이했던 것 같기도 하고…."

민주화운동과 인권운동을 하다 교도소를 다녀온 변호사 출신 동창은 "비가 촉촉이 내리는 날이면 높은 회색 콘크리트 담 밑에 나 있는 잡초를 보면서 걷고 싶다고 했다. 바로 그게 눈앞에 보이는데도 걸을 수 없는 게 감옥살이예요." 그가 석방된 바로 그 다음 날 찾아가 그가 소원이라고 하던 보글보글 끓는 된장찌개를 뒷골목 식당에서 같이 먹으며 그의 이야기를 들었다. 대학교수와 시인 동창도 함께 있었다. 그 후 고문의 후유증으로 몸이 불편해진 그는 "창문을 열면 아침 햇빛을 받은 이슬 맺힌 호박꽃이 얼마나 아름다운지 몰라요! 누가 호박꽃도 꽃인가 했을까요? 세상이 너무 아름다워요. 동네 초등학교에서 남은 밥도 가져다주고 성당에서 반찬도 가져다줘요. 일주일에 한 번씩 봉사하는 분이 와서 목욕도 시켜줘요. 감사하고 또 감사한 세상입니다."

그는 아주 재미있고 자유분방한 날들을 보내고 있지만, 아들딸들의 눈에는 그렇게 보이지 않았나 보다. 오늘은 자식들과 친구들이 재혼하라는 권유에 등 떠밀려 맞선을 보러 가는 날이었다. 아내의 사진 앞에서 "여보, 미안해"라고 말하며 나서는데 그녀는 아무 말도 없었다. 소개한 사촌 누님의 말로는 나이는 나보다 세 살 아래인 그녀도 10여 년 전에 남편과 사별했다고 한다. 자식들을 결혼 출가시키고 여러 가지 조건이 나와 비슷하다고 했다. 그녀를 호텔 커피숍에서 처음 만난 인상으로는 화장을 많이 해서 그런지 나이보다 상당히 젊어 보였고 얼굴이 밝아 보였다. 얼굴은 인생의 성적표라고 했는데 웃음을 머금은 그녀의 얼굴은 청순해 보였다. 그런데 아, 참! 하며 친구의 말이 생각났다. 요즘 여자들은 보톡스 맞고, 페이스 리프트를 하여 얼굴 보고 나이를 알 수도 없고 마음은 더더욱 알 수 없으니 조심하라고 했다. 그러면 어떻게 해야 그녀를 조금 더 알 수 있느냐고 물었다. 나음 만날 때는 등산을 가자고 해라. 등산하면 땀이 흐르니 화장을 진하게 할 수도 없고 벤치에 앉았다 쉬었다 일어나며 "아이고 허리야, 다리야" 하면 건강을 알아볼 수 있다고 말했다.

그녀는 문학적이고 상당히 매력적이었다. 사별 후 남편과 함께한 시간이 얼마나 소중하고 빨리 지나갔는지 모르겠다고 말했다. "시간의 소중함은 시간을 어떻게 보내야 하는지를 가르쳐주었다. 1초의 소중함을 알고 싶으면 사고의 순간 간발의 차이로 살아난 생존자에게 물어보아라. 100분의 1초의 소중함을 알고 싶으면 올림픽에서 은메달을 딴 선수에게 물어보아라. 1분의 소중함을 알고 싶으면 방금 기차를 놓친 여인에게 물어보아라. 1시간의 소중함을 알고 싶으면 애인을 기다리는 총각에게 물어보아라. 한 달이 얼마나 소중한지 알고 싶으면 한 달 먼저 미숙아를 낳은 산모에게 물어보아라. 1년이 얼마나 귀중한 세월인지 알고 싶으면 대학 시험에 낙방하여 재수하는 학생들에게 물어보라."라는 말이 있듯이 10년의 세월이 얼마나 힘든지 알려면 사랑하는 배우자를 먼저 보낸 나 같은 여인에게 물어보라며 눈물을 보였다. 나도 숙연해졌다.

이런저런 그녀의 얘기를 들으며 그는 문득 이렇게 말했다. 아내를 병으로 잃었기 때문에 무엇보다도 상대방 건강에 관심이 많다고. 그녀 역시 그 말에 고개를 끄덕이며 그의 마음을 위로해 주었다. 물론 또 한 번 남편의 송장을 치르고 싶지 않다는 생각이 앞섰는지 모른다. 그 후, 만나는 횟수가 거듭되자 그도 모르게 황량했던 가슴속에 점차 따뜻한 모닥불이 피어오르는 것을 느꼈다. 그리고 3개월쯤 지난 어느 날 그녀가 자기 집으로 초대했다. 그녀는 거실은 춥다며 미색 벽지에 노란 장판이 깔린 안방으로 안내했다. 이 방은 엄마가 쓰시던 방인데 이제 제가 쓰고 있어요. 하며 수줍게 따뜻한 생강차를 준비해 올렸다.

그날 그는 오래도록 그녀와 많은 얘기를 나눴고 그녀에게 정식으로 청혼을 했다. "못난 사람이고 마음에 상처도 있는 사람입니다. 그래도 괜찮다면 수진 씨, 사랑하고 싶습니다. 저와 결혼해 주실 수 있겠습니까?" 그녀는 일주일만 시간을 달라고 했다. 초조한 일주일을 보내고 그녀에게 전화를 걸었다. 그녀는 뜻밖에도 너무나 냉정한 목소리로 "자기와 성격도 다르고 취미도 다르고 종교도 달라서 안 되겠다고 말했다. 인연이 아닌 것 같으니 다음에 좋은 사람 만나라며 매정하게 전화를 끊었다. 그동안 그녀가 보여준 호의가 다 거짓이었을까? 정말 견디기 힘들 게 마음이 아팠다. 그 상처를 다스리기까지 오래도록 혼자 가슴앓이를 했었다.

1년여의 세월이 지난 어느 날 집안 행사로 사촌 누님을 다시 만났다. 사촌 누님은 그를 보자마자 "동생, 수진이 소식 못 들었지?" 하고 물었다. 얼마 전에 수진이가 위암으로 죽었다네. 동생이랑 결혼하려고 마음먹고 종합검진 받으러 갔다가 위암 진단을 받았나 봐. 7개월 동안 혼자 투병하다가 석 달 전에 세상을 떠났네. 너무 안 됐어. 착하고 아직도 젊은 나이에….

순간 시야가 갑자기 뿌옇게 흐려지면서 정신이 멍해졌다. 무슨 운명의 장난일까? 왜 내가 사랑하는 사람들은 다들 이렇게 떠나야만 하는가? 갈색 코트에 미소를 짓고 있는 청초한 그녀의 얼굴이 내 마음을 스쳐 가고 있었다. 아내도 사진 속에서 미소를 짓고 있는 것 같았다.

어디쯤 왔을까?

나는 어릴 때 꿈이 있었다. 시골에서 면서기나 초등학교 선생이 되어 부모님과 함께 사는 소박한 꿈이 있었다. 내 꿈이라기보다 부모님이 바라는 것이었다. 고생하시며 살아오신 부모님이 바라는 것이 무엇임을 알게 되었고 그 꿈이 나쁘진 않다고 믿어졌다. 머슴을 데리고 넉넉하게 먹고 살 수 있는 농사를 짓고 자전거로 면사무소나 학교까지 출퇴근하면서 부모님과 함께 사는 삶이 행복하다고 생각되었다. 퇴근길에 고기 몇 근과 술 한 병을 사 오면 텃밭에서 상추를 뜯어 쌈을 싸 함께 저녁을 먹으며 가족과 웃으며 이야기를 나누는 모습이 행복하다고 믿었다. 그러다 운이 좋아 면장이나 교장 선생으로 몇 년 근무하다 퇴직하면 그 지방 유지로서 고향을 지키고 살고 싶었다. 그 꿈이 실현되지 못한 오늘 나보다 부모님의 실망이 더 컸던 것으로 알고 있다. 지금 뒤돌아보아도 그 꿈이 나쁘진 않은 것 같다. 부모님께 불효한 생각에 숙연해진다.

나는 지금도 그 꿈이 이루어지지 못했음을 많이 아쉬워하고 있다. 그러나 독일에서 학업을 마치고 한국으로 돌아가지 못한 데는 말 못 할 이유가 있었다. 그 이유는 한국을 떠날 때부터 이미 만들어져 있었는지도 모른다. 그래서 지금 떠나지 않으면 못 갈 것 같은 아쉬움을 두고 떠났다. 그 사연들을 없었던 일처럼 가슴속에 묻어두고 피할 수 없는 운명이라 생각하며 살기에는 너무도 어려움이 많았다. 겉으로는 웃으며 세상을 살아왔지만 쓰라린 이별 속에서 말 못 할 사연을 지닌 채 살아온 날들이 나에게는 너무 길었다. 내 마음에는 그 슬픔을 간직하고 부모님 앞에서 울어도 보았다. 그러나 서로 가슴을 열고 사랑한다는 이야기를 나눌 수 있는 날은 결코 오지 않았다. 서로를 이해하지 못하고 상처를 묻어두고 지내온 그 세월이 너무 길었다.

우리는 살다 보면 가끔 오늘까지 걸어온 길과 앞으로 가야 할 길을 생각해 본다. 지나온 길을 돌아보면 아쉬움이 남기도 하고 늦게나마 후회와 번민으로 가슴 아픈 길들도 있었음을 알게 된다. 특히나 앞으로 살아갈 날들이 살아온 날들보다 짧다고 느껴지는 시점에서 어려운 일이 내 앞에 일어났을 때는 또다시 이런 일이 없기를 바라고 행복한 시간에는 앞으로도 계속해서 좋은 일만 있기를 바라면서 지나온 시간과 앞으로 다가올 날들을 점검해 본다.

그러나 가던 길을 잠시 멈추고 뒤돌아보면 걸어온 길이 내 의지대로였는지 잘 알 수 없듯이 앞으로 가야 할 길은 더더욱 알 수가 없다. 지나고 보면 이것이 아니었는데 하는 것을 많이 느낀다. 그러니 이제는 어디로 흘러갈 것인가를 걱정할 필요는 없는 것 같다. 어디쯤 왔는지, 어디쯤 가고 있는지 아무도 알 수 없는 인생길을 오늘도 어제처럼 그냥 지나가다 세월이 무심코 나를 데리고 갈 것이다고 생각하면 된다. 지나고 나면 아쉬움이 남는 것이 우리의 삶이다.

나이를 먹고 철이 들면서 겨울을 느낄 때쯤에 또 봄은 다가올 것이고 사랑을 알 때쯤엔 사랑이 식어가고 부모를 알 때쯤엔 부모는 내 곁을 떠난다는 것을 알게 된다. 우리의 삶은 여럿이 더불어 사는 세상에서 꼬리에서 꼬리를 물고 이어 나간다. 독불장군으로 살 수 없는 것이 인간 사회다. 나 자신을 알 때쯤엔 많은 것을 잃었다는 것을 알게 되고 서로 좋은 사람으로 만나고 그리운 사람으로 헤어져 사랑하는 사람으로 남아야겠다. 친구가 없다고 느껴질 때 인간관계가 얼마나 중요한지를 알게 된다. 헤어진 친구의 얼굴이 먼저 떠오르면 보고 싶은 사람이고 이름이 먼저 떠오르면 잊을 수 없는 사람이라고 한다. 이것이 나이별, 이칭(異稱)별 별칭(別稱)별 인간관계이다.

인생은 아무리 발버둥 쳐도 세월을 이기지 못하고 늙어지면 죽는다. 잘나고 예쁘다고 흔들고 다녀도 잃은 것을 세는 사람의 삶에는 불행이 많고 얻은 것을 세는 사람에게는 행복이 많았다. 무엇을 세느냐에 따라서 삶이 달라지기 때문이다. 인생이란 빈 잔에 무엇으로 채워야 할지를 생각하며 살아야 한다. 욕심으로 가득 채우면 결국 허망만 남게 되고 사랑으로 가득 채워 보면 마셔도 마셔도 그리움만 남아 울먹이며 끝이 없이 사랑만 하게 되었다. 눈물 없는 인생이 어디 있으랴! 삶의 무게가 힘겨워도 인생이란 빈 잔에 후회나 미움으로 채우기보다 사랑과 웃음으로 먼 훗날이나 아니면 내일일지도 모르는 인생의 종착역에 닿을 때쯤에 행복이란 달콤한 맛이 담긴 기쁨의 잔을 들 수 있을 것이다.

요즘 사람들의 불행은 모자람이 아니라 오히려 넘침에 있는 것 같다. 모자람이 채워지면 고마움과 만족을 알지만 넘침에는 고마움이나 만족이 따르지 않는다. 우리가 불행한 것은 가진 것이 적어서가 아니라 따뜻한 가슴을 잃어 가기 때문이다. 따뜻한 가슴을 가지려면 내 주위에 있는 사람들을 사랑할 뿐만 아니라 내가 좋아하는 동물이나 식물 등 살아있는 생물과도 교감할 줄 알아야 한다. 자기 스스로 행복하다고 생각하는 사람은 행복한 사람이다. 마찬가지로 자기 스스로 불행하다고 생각하는 사람은 불행하다. 그러므로 행복과 불행은 주어지는 것이 아니라 나 스스로 만들고 찾는 것이다.

자신의 생각이 곧 나의 운명임을 기억하라. 우주의 법칙은 자력과 같아서 어두운 마음을 지니고 있으면 어두운 기운이 몰려온다. 그러나 밝은 마음을 지니고 긍정적이고 낙관적으로 갈면 밝은 기운이 몰려와 우리의 삶을 밝게 비춘다. 밝은 삶과 어두운 삶은 자신의 마음이 밝은가 어두운가에 달려 있다고 믿는다. 그것이 우주의 법칙이니까.

사람들은 저마다 홀로 자기 세계를 가꾸면서 공유하는 만남이 있어야 한다. 어느 시인은 "한 가락에 떨면서도 따로따로 떨어져 있는 거문고 줄처럼 그런 거리를 유지해야 한다"라고 했다. 거문고 줄은 함께 붙어 있으면 소리를 낼 수 없다. 공유하는 영역이 너무 넓으면 다시 범 속에 떨어진다. 어떤 사람이 불안과 슬픔에 빠져 있다면 그는 이미 지나간 과거의 시간에 아직도 매달려 있는 것이다.

햇빛이 쨍한 날에는 그늘이 그립고 비가 내리면 햇살이 그립지만 타는 목마름에는 단비를 기다린다. 세월은 그렇게 흘러가는 것이다. 나이를 먹으면 인생의 허무함에 못내 아쉬워서 가슴을 적시지만 아직은 청춘이라 마음을 달래가며 이슬처럼 맑고 깨끗해지려 애써봐도 삶은 그럴수록 아프기만 할 것이다. 갖고 싶어도 가질 수 없고 버릴 것을 버리지 못하는 것이 인생이다. 흐르는 강물이라도 맑기만 한 것이 아니고 부는 바람 속에도 먼지가 있듯이.

앞으로는 예쁜 꽃잎마저 기다림이 있을진대 나비 꿈을 꾸며 기다리며 살아갔으면 좋겠다. 흐르는 강물도 때로는 구비 치는데 살아온 세월만큼 별보다 많은 사연, 청춘이 아깝다고 세월도 잡을 수도 없지 않은가. 오늘도 어제처럼 세월은 흐르지만 꿈을 꾸는 그날엔 즐겁게 살 수 있을 것이다. 나이를 먹어도 꿈을 꾸어야 한다. 비록 그 꿈이 허황한 꿈으로 끝날지라도. 헛된 꿈은 독이라고, 세상은 끝장이 정해진 책처럼 이미 돌이킬 수 없는 현실이라 말하지만. 그래도 나는 꿈이 있었다. 그리고 나는 꿈을 믿었다. 세월도 나를 묶어둘 순 없으니 내 삶의 끝에서 나 웃을 그 날을 위해 꿈을 키운다.

마음과 말의 깊이 그리고 뜻

열 길 물속은 알아도 한 길 사람 속은 모른다는 속담이 있다. 내 마음 나도 잘 모르는데 어찌 남의 마음을 쉽게 알 수 있겠는가! 보이지 않는 우물이 깊은지 얕은지는 돌멩이 하나를 던져 보면 알 수 있다. 둘이 물에 닿는 시간과 그때 들리는 소리를 통해서 우물의 깊이와 양을 알 수 있다. 내 마음이 깊은지 얕은지는 다른 사람이 던지는 한마디 말을 통해 알 수 있다. 내 마음이 깊으면 그 한마디 말이 내 마음에 들어오는 데 시간이 오래 걸린다. 그리고 깊은 울림과 여운이 있게 된다.

누군가의 말 한마디에 격하게 흔들리고 흥분한다면 내 마음이 아직도 얕기 때문이다. 사람의 마음은 깊고 풍성하면 좋은 것이다. 이런 마음의 우물가에는 사람들이 옹기종기 모여들어 갈증을 해소하며 새로운 기운을 얻는다. 누군가가 던진 비난이나 경멸의 말 한마디에 내 우물은 어떤 반응을 보일지 궁금하다. 내 마음의 우물은 얼마나 깊고 넓을까?

남의 마음을 제대로 읽기는 어려워도 잘 못 알거나 오해하기는 쉬운 것 같다. 친구 사이에도 그렇지만 오랫동안 함께 살아온 가족들끼리도 서로의 마음을 쉽게 알기 어렵다. 마음을 알기보다 심지어 간단한 말 한마디도 잘 알아듣지 못해서 서운한 마음이 생기고 불화의 여지를 만든다. 며칠째 아내는 남편에게 말을 하지 않았다. 말을 해도 잘 이해하지 못할 때가 많았는데 말을 하지 않으니 뭐가 뭔지 도무지 알 수가 없다.

조심조심 아내에게 접근하여 내가 무엇을 잘못한 일이 있는지 말해보라고 남편은 긴장된 모습으로 말했다. 당신은 내가 그렇게 초밥이 먹고 싶다고 했는데도 한 번 데리고 나가지 않았잖아요. 그 말이 체 끝나기도 전에 남편은 "아니 당신이 언제 초밥이 먹고 싶다고 했어?" 하고 따졌다. 자초지종을 들어보니 이런 내용이었다.

어느 날 저녁을 먹는데 아내가 "여보, 가까운 곳에 초밥집이 생겼대" 해서 남편이 "그래? 요즘 장사가 어렵다는데 잘 되었으면 좋겠네" 했고 며칠 후 다시 아내가 "여보, 오늘 그 초밥집 앞을 지나는데 제법 차가 많던데" 하기에 남편은 "장사가 잘 되나 보네. 잘 됐네!"라고 말했다. 그리고 어느 날은 아내가 "여보, 내 친구가 그 초밥집 가서 먹어 봤는데 아주 괜찮대" 하자 남편은 "주방장이 괜찮은가 보네!"라고 했다는 것이다. 아내는 세 번이나 초밥집 가자고 언질을 주었지만, 남편은 알아듣지를 못했다. 남녀가 대화하는 것은 아주 중요한 의사소통이며 사랑의 전달 수단이 되지만 사랑이 깨지는 원인으로 작용하기도 한다. 왜냐하면, 남자와 여자의 언어가 다르기 때문이다.

남자는 말을 마음속에 담아 놓고 여자는 말속에 마음을 담아 놓는다고 말한다. 남자는 사실만을 얘기하지만, 여자는 공감을 원한다. 남자는 문제 해결을 위해 말을 하지만 여자는 마음이 후련해지려고 말을 한다. 아내들은 "남편은 말귀를 못 알아듣는다"라고 불평하고 남편들은 아내가 무슨 말을 하는지 도무지 알아들을 수가 없다고 볼멘소리를 한다. 아내의 말을 들을 때는 문제지를 대하는 수험생처럼 대화하라고 한다. 행간에 숨겨진 아내의 마음을 읽으려면.

달 밝은 밤에 아내가 "여보, 달이 참 밝지?" 하고 물으면 대부분 남편은 "오늘이 보름이잖아. 그러니 당연히 달이 밝지" 하거나 "달 밝은 거 처음 봤어?" 하며 무안을 준다. 아내가 달이 밝다는 말은 "당신과 걷고 싶다"라거나 "당신과 커피 한잔하고 싶다"라는 뜻인데 남편은 그 마음을 알아듣지 못한다. 남자의 언어와 여자의 언어가 이렇게 다르며 "괜찮아"라는 말도 여자와 남자는 다르게 해석한다. 여자의 말 "괜찮아"라는 썩 마음에 들지 안거나 별로 안 괜찮으니 다른 조처를 해 달라는 뜻이지만, 남자의 "괜찮아"라는 정말 괜찮다는 뜻이다. 여자의 "아니"라는 말은 정말 아닐 때도 있지만 그 말의 진실은 세 번 이상 물어봐야 밝혀진다고 한다. 한 번만 물어보고 끝내면 매우 서운해한다고 합니다. 그러나 남자의 "아니"란 정말 아니다.

어느 날 남편이 "아이고, 넣어 둘 돈도 없지만, 지갑이 아주 낡았네."라고 혼잣말을 하는 것을 들은 아내는 새 지갑이 필요하고 당신도 나에게 용돈 한번 줘 보라는 말로 이해하고 몇 날 며칠을 예쁜 지갑을 찾아 5만 원짜리 두 장을 넣어 선물했다. 그러면 남자는 "어! 내 지갑이 낡았다는 것을 어떻게 알았어? 거기다 용돈까지, 오늘 로또 맞았네."라며 놀라고 좋아했다. 여자가 TV를 보며 "와 저 스카프 너무 예쁘다." 식사하면서 "참 아까 나갔다가 그 스카프 봤는데 너무 예쁘더라." 그리고 잡지를 보며 "와 이 목도리 되게 싸다." 이렇게 여러 번 암시를 줘도 남편은 스카프가 아닌 향수를 선물했었다. 남자는 직접화법에 익숙해 여자가 간접화법으로 "스카프 이쁘네, 빨리 사줘"를 그냥 저 스카프 예쁘다고만 들은 것이다.

여자는 언어 특성상 빙빙 돌려 말하는 것이 배어 있고, 남자는 생각하는 그대로 얘기한다. 여자는 간접화법을 좋아하고 남자는 직접화법을 사용한다. 여자는 감정에 예민하지만 남자는 외형에 반응하고 이성적이다. 아내가 남편에게 집안일을 도와달라고 했을 때 남편이 대답이 없거나 꾸물대면 아내는 화가 나서 이렇게 소리를 지른다. "당신 한 번이라도 집안일 도와준 적 있어?" 사실 이 말에는 혼자 하기는 힘드니까 함께 하기를 바라는, 당신의 도움이 필요하다는 감정이 담겨있다. 하지만 남편은 "한 번"이라는 말에 감정이 상해서 이렇게 되받아쳤다. "내가 한 번도 안 했다고? 지난달에 한 건 뭔데?" 그러면 이 문제의 본질은 간데없고 한번 했냐 두 번 했냐를 가지고 기나긴 싸움에 들어가게 된다.

아내와 남편의 갈등은 머리와 가슴의 차이에서 온다고 한다. 머리와 가슴까지의 거리는 약 30cm밖에 되지 않는다. 불과

30cm의 차이가 부부간의 소통에 문제를 일으키고 있다. 정말 부부란 이해 없이는 살아가기 힘든 존재이다. 서로가 서로의 속마음을 이해할 수 있도록 접근하고 반응하기가 쉽지 않은 것 같다. 남편들은 아내가 하는 말속에 숨어 있는 감정을 읽을 줄 알아야 하고 아내들은 자신의 감정을 적절하고 정중하게 표현하면 좋을 것 같다. 초밥이 먹고 싶으면 초밥집에 가자고 말하고 밝은 달을 보면 달밤에 분위기 잡고 함께 걷고 싶다고 말하면 될 것이다. 물론 부부가 함께 살다 보면 갈등이 생기지 않을 수 없겠지만.

연애할 때는 내가 상대방에게 맞춰 주고 욕구를 채워줬지만, 결혼 후에는 서로 맞춰 나가야 한다. 돕는 배필에서 함께 하는 배필로 변해야 한다. 갈등은 언제든지 일어날 수 있다. 문제는 갈등이 아니라 갈등을 풀어가는 데 있다. 갈등이 생기면 내가 먼저 화해의 손을 내밀어야 한다. 상대가 틀린 게 아니라 나와 다르다는 생각으로 대화를 시작하는 것이 좋다. 또한, 남자와 여자는 인간이니까 다 같다고 생각하지 말고 근원적인 차이가 있다는 것을 인지하고, 인정하고, 이해해야 한다.

사랑은 죽을 때까지 노력하는 것이지 결코 완성되는 것이 아니라고 했다. 공감은 상대방의 영혼을 안아 주는 것이며 "당신은 나 자신보다 더 소중한 나"라는 메시지를 전하면 된다. 한 길 사람 속을 이해하기가 이렇게 어렵다는 것을 명심해서 살다 보면 좀 더 쉽고 원만한 인간관계를 유지할 수 있을 것 같다.

철학자 칸트

임마누엘 칸트는 지금은 러시아의 영토이지만 옛날 독일의 프로이센 지방 출신의 도덕 철학을 높이 세운 위대한 철학자이다. 그의 저서인 실천 이상 비판의 말미에 적혀있고 그의 묘비명인 글에는 이런 글이 씌어 있다고 한다. "생각하면 생각할수록 점점 더 커지는 놀라움과 두려움에 휩싸이게 하는 두 가지가 있다. 하나는 내 머리 위의 하늘에 빛나는 별과 다른 하나는 내 마음속의 도덕법칙이다." 하늘의 별처럼 영원히 사라지지 않는 양심이 자기 마음속에 뚜렷이 자리 잡고 빛나고 있다는 것이다. 철학자 칸트가 도덕법칙을 강조한 데에는 아버지의 영향이 컸다고 한다.

어느 날 그의 아버지가 말을 타고 산길을 지날 때였다. 산속에서 강도를 만나 가진 것을 다 빼겼다. 강도들은 "숨긴 것이 더 없느냐? 그럼 이제 가." 물건을 모두 빼앗은 강도들은 그를 놓아주었다. 그런데 길을 가던 칸트의 아버지는 바지춤에 몰래 숨겨둔 금덩어리가 있음을 뒤늦게 알았다. 그는 강도들에게로 다시 돌아가서 "조금 전에는 경황이 없어 숨긴 게 없다고 했지만 지금 가다

보니 이 금덩이 하나가 남아 있어요. 받으세요." 그 말에 강도들은 멘붕에 빠지고 말았다. 강도들은 빼앗은 물건들을 돌려주면서 그 앞에 엎드려 용서를 빌었다. 감나무에 감이 열리고 배나무에 배가 열린다고 했듯이 정직한 아버지께서 양심의 횃불을 밝힌 위대한 철학자가 태어날 수 있음은 당연한 일이라 생각된다.

미국의 중학교 Spelling Bee 대회(단어의 철자 맞히기 대회)에서 있었던 일이다. 경연대회에서 열세 살 소년이 "echolalia"라는 단어의 철자를 틀리게 답했으나 심사위원들이 잘못 듣고 맞았다고 하는 바람에 다음 단계로 넘어가게 되었다. 그 아이는 잠시 후에 자기의 답이 틀렸다는 사실을 심사위원들에게 솔직히 털어놓았고 결국 탈락했다. 다음 날 언론에서는 이 정직한 아이를 "A Hero of the Spelling Bee, 철자 대회 영웅"으로 대서특필했었다. 아이는 기자들과의 인터뷰에서 "나는 정직한 사람으로 살고 싶다고 말했다." 이 아이도 칸트의 아버지 같은 훌륭한 부모님 밑에서 자란 것으로 믿어진다.

가끔 고국을 방문하여 만나는 어린아이들이 심상찮게 보인다. 아이들 답지 않다고나 할까 너무 영리하고 심지어 영악해 보인다. 서양과 동양의 도덕 기준이 다르고 생활 풍속이 다르다 보니 내가 착각하는 경우도 있어 보인다. 아이들이 식당 같은 공공장소에서 뛰어다니고 떠들고 다녔다. 그 자체도 문제이지만 아이들 교육을 책임질 부모들의 태도가 더 큰 문제로 보였다. 고맙다 또는 미안하다는 말에 인색한 것은 문화의 차이라고 이해하려 노력해 보았다.

우리 사회에서 지도층 인사들이 거짓말을 밥 먹듯이 하고 증거가 드러나도 갖은 변명으로 책임을 회피하려 하는 모습을 너무 많이 본다. 그들의 마음속에 칸트처럼 빛나는 양심이 존재하기는 하는 걸까? 정직한 사람이 바보 취급을 당하는 환경에서 철자대회의 영웅이 태어날 수 있을까? 바이든이든 날리면이든 그 말을 한 장본인이 솔직하고 정확하게 말하지 못하는 이유를 모르겠다. 그러고서도 지도자로서 존경받을 수 있을까?

친구들이 고등학교를 졸업하고 대학에 진학했다. 이공계열, 인문계열 등으로 나뉘고 앞으로 무엇이 되겠다는 진로가 보인다. 과학자가 되고 또는 의사가 되어 발명도 하고 생명도 구할 수 있는 포부를 가진 친구들이 좋아 보였다. 유명한 철학자가 되고 또는 훌륭한 시인이 되겠다는 친구가 부러웠다. 교사가 되어 이 나라의 미래를 짊어지고 나갈 후진들을 양성하고 장교가 되어 이 나라 국방을 책임지겠다는 친구들도 존경스럽게 보였다.

가끔 마음에 들지 않는 동창 중에 법대를 지망하는 친구들이 었다. 다 그렇지는 않지만, 이들 중의 일부분은 법과 사회 정의와 윤리 도덕을 공부하여 음지에서 도움이 필요한 사람들을 위해 봉사하겠다는 생각이 보이지 않았다. 군림하고 지배하는 위치에 오르고 싶은 생각으로 꽉 차 있었다. 그래서 시험을 일고여덟 번 보아서라도 고시에 합격해서 지배자의 위치에 오르려고 애쓴다. 그저 법 조항을 달달 외워서 합격만 하면 그만이다. 법은 양심과 윤리 도덕의 테두리 안에 지극히 적은 일부분이라고 생각하지 않는다.

그들은 법의 도움이 필요한 사람을 돕거나 인권 변호사로서 약자를 대변해야 한다는 조항은 법조문에 없다고 본다. 물론 인간성의 문제일지 몰라도 칸트의 아버지 같은 부모 밑에서 자란 것도 아니고 철자대회에 참석한 소년 같은 양심을 가진 자들도 아니다. 그들의 자질은 지도자의 덕목으로는 너무 부족하다고 생각된다. 하기야 그나마 고시에 합격하지 못한 법대 졸업생들은 이것도 저것도 아닌 평생을 스트레스 속에서 사는 것 같아 불쌍해 보였다. 학벌이 좋고 학력이 높은 사람이 못 배우고 무식한 사람보다 비율적으로 많은 범죄를 저지른다는 것이 이해가 된다. 물론 이것은 나 개인적인 생각이며 이런 현상이 꼭 법대 출신들에게만 국한되어 있지는 않은 것이 이 세상 현실인 것 같다.

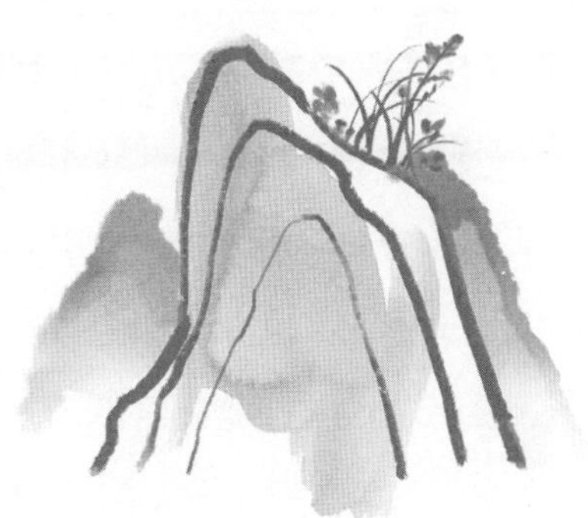

위대한 대통령

예전에는 우리나라에서 자라는 소년들의 8~90%가 대통령이 되어야겠다는 꿈을 가져 본 적이 있다고 했다. 이제는 남녀평등의 시대라 소년들뿐만 아니라 소년 소녀들의 8~90%가 대통령의 꿈을 한 번씩 꾸어본다고 한다. 그 꿈이 잘못된 것은 아닐 것이다. 그러나 그들은 훌륭한 대통령이 되겠다는 꿈보다는 막강한 권력을 행사하는 대통령이 되고 싶어 하는 꿈을 꾸었다. 그런 대통령들을 보며 살아왔기에 그것이 틀린 것으로 생각하지 않았다. 그리고 대통령을 그만두면 교도소에 간다. 그것도 대통령이 되어 권력을 최대한으로 행사한 후에 가야 하는 하나의 과정으로 믿고 있었다. 이것 역시 봐왔기에 면역성이 생겼거나 아니면 손익계산서를 따져봐도 별로 나쁘지 않다고 보이기 때문이다.

대통령은 국정을 책임지고 집행하는 리더이지 국민을 지배하는 보스가 아니다. 리더는 국정 철학에서 항상 모든 국민을 생각하며 "우리"라고 칭하고 사람들을 이끌고 간다. 일반 대중, 국민의 눈으로 세상을 보며 좋은 것은 계속 더 좋게 발전시키고 잘못된 것은 찾아내어 바로잡을 수 있게 알려주고 인도한다. 국민에게 희망을 주고 지지자들이 함께 가도록 노력한다. 리더는 우리가 사는 세상이 더불어 사는 곳임을 잘 안다. 반면에 보스는 "우리"보다는 "나"라고 말하며 사람들을 몰고 간다. 내가 아니면 안 된다고 생각하고 자기 눈으로만 세상을 보며 누가 잘못하고 있는지를 지적한다. 공포심을 조성하여 부하들에게 겁을 주어 내 사람으로 만들 수 있다고 믿고 있다.

내가 사는 미국 국민은 역사상 위대한 대통령은 누구냐고 물으면 서너 명의 이름을 댄다. 이 땅에 위대한 나라를 세운 건국 대통령 조지 워싱턴이나 남북전쟁을 종식하고 노예를 해방시킨 에이브러햄 링컨, 아니면 미남에 카리스마 넘치는 존 F. 케네디 대통령을 꼽는다. 또한, 구 소련으로부터 단돈 720만 달러에 알래스카를 사들인 앤드루 존슨 대통령을 말하는 사람도 있다. 앤드루 존슨 대통령은 초등학교도 나오지 못했다. 선거 기간에 "초등학교도 못 나온 사람이 무슨 대통령을 하겠는가?"라며 공격을 받았었다. 그때마다 그는 이렇게 말했다. "여러분, 예수 그리스도가 초등학교에 다녔다는 말을 들어본 적이 있습니까? 예수는 초등학교도 못 나왔지만 전 세계를 지금도 구원의 길로 이끌고 계십니다. 나라를 이끄는 힘은 학력이 아니라 긍정적인 의지의 힘입니다." 이 한 마디로 국민의 열렬한 지지를 받아 대통령에 당선되었고 미래를 내다볼 줄 아는 그의 긍정적인 안목이 알래스카를 사들이고 현재의 미국을 만들었다.

한국의 위대한 대통령으로는 누구를 꼽을까? 조선 시대까지

거슬러 올라가 세종대왕에는 토를 다는 사람이 없을 것이고 정조대왕도 그 반열에 올려주자. 그 이후 대한민국이 수립된 이후에는 누구를 위대한 대통령으로 꼽을 수 있을까? 우리나라 경제발전을 이룩한 박정희 대통령이 이름을 올릴 것이고 그 외에는 다 공보다는 과가 많아 훌륭한 대통령이 없는 것 같다. 처음에는 좋았으나 독재의 비참한 말로를 걷게 된 이승만 건국 대통령, 민주화와 인권을 외치며 대통령이 되었으나 기대치 미만의 김영삼, 김대중, 무능했던 박근혜, 문재인, 그리고 사리사욕에만 눈이 어두워 국가와 국민을 이용하고 기만한 전두환, 노태우, 이명박은 대통령이 되어선 안 될 사람들이었다. 훌륭한 지도자가 따로 있는 것이 아니다. 특별해야 한다고 생각할 것이 아니라 아주 평범하면서도 올바른 기준에서 답을 찾아 그 길을 따라가면 훌륭한 지도자가 되는 것이다.

비록 대통령뿐만이 아니라 성공한 지도자들에는 개인적 요인보다 중요한 것이 지도력이다. 진정한 지도자를 만드는 요인은 도덕적 용기, 판단력, 우선순위에 대한 감각, 힘의 배분 그리고 유머를 빼놓을 수 없다. 도덕적 용기란 거센 비난, 험난한 역경, 동지와 우방의 무기력함에도 아랑곳없이 소신을 지키고 한 방향으로 나아가는 의지다. 원칙에 따라 행동하고 조직 안팎의 비난도 감수한다. 단발성으로는 충분치 않으니 다수에게 최선을 요구하되 궁극적으로 최상의 결과를 안겨주는 것이 지속적인 용기다.

두 번째로 판단력 없는 용기는 무의미하고 위험할 수도 있다.

현명한 판단을 내리게 하는 것은 지능 자체가 아니다. 지능지수가 매우 높은 똑똑한 인물들이 어이없게도 잘못된 판단을 내리는 경우가 많다. 학력도 아니다. 지도자는 조언이 필요할 때 명문대의 우등생 출신을 찾지 않는다. 세상 풍파를 몸소 겪고 가혹한 운명의 돌팔매질과 화살 속에서도 씩씩하게 살아남은 사람들에게 의지한다.

세 번째로 우선순위에 대한 감각이 필요하다. 국가나 대기업을 경영하다 보면 크고 작은 문제에 숱하게 부딪히며 그때마다 뭔가 결정을 해야 한다. 하찮은 문제와 진짜 큰 문제를 구분할 줄 아는 천부적 감각이 필요하다. 네 번째로 힘의 배분을 말한다. 지도자는 자신의 시간과 에너지를 잘 분배할 줄 아는 능력을 갖춰야 한다. 마지막으로 유머는 지도력의 한 요소다. 성공한 지도자들은 타고난 유머 감각을 지녔고 그것을 상황에 맞게 십분 활용했다.

또한, 지도자들은 그들이 지닌 특징이 있는 것 같다. 위기는 위험과 기회의 합성어라고 한다. 위기를 어떻게 다루느냐에 따라 성공과 실패가 판가름 난다. 대부분 사람은 위기를 위험한 시간이라고만 인식하는 데 비해 성공하는 사람들은 위기를 기회로 인식하고 다시 올 수 없는 절호의 찬스로 활용한다. 위기를 극복하는 사람들이 가진 특징을 살펴보자.

먼저 그들은 남들보다 더 많이 실패했었다. 그 말은 실패했어도 많은 경험을 쌓아 실패가 많을수록 성공하는 스케일도 커졌다. 실패는 성공으로 가기 위해 겪어야 하는 과정이다. 이 모든 것을 도전이라 말하며 도전과 실패는 성공에 있어 중요한 역할을 한다. 실패를 경험하지 않고 성공한 경우는 인류 역사를 통해 단 한 번도 없었다. 위기를 기회로 바꾸고 그곳에서 다시 새로운 길을 찾아 나서면 처음보다 훨씬 크고 아름다운 미래를 발견하는 것이다. 또한, 끝까지 포기하지 않는 정신으로 변화에 대한 빠른 대응력을 보여주는 것이다.

행복을 나누는 사람들

나는 외출할 때 가끔 지갑에서 1달러짜리 석 장을 꺼내 운전석 옆자리에 놓고 출발한다. 외출할 때마다 매번 하는 것이 아니고 가끔 그렇게 한다. 그리고 준비한 돈을 지나가다 도로변에서 구걸하는 사람을 볼 때 1달러를 건네준다. 1달러를 받은 그는 "Thank You, God Bless You."라고 허리를 굽히며 고맙다는 인사를 한다. 1달러는 햄버거 하나 사서 먹기에도 부족한 돈이다. 그러나 나는 그때마다 내 마음이 편해 짐을 느낀다. 구걸하는 사람에게 난돈 1달러를 주었는데 내 마음이 왜 이렇게 편안함을 느낄 수 있을까? 이렇게 하루에 세 번을 하고 나면 "천사가 된 기분이라고 할까?" 마음이 고요해지고 편했다. 구걸하는 이를 도와준다는 것보다 내 마음이 더 편해지는 것이 더 좋았다. 무슨 큰돈을 준 것도 아닌데 구걸하는 그에게도 그리고 나에게도 하느님의 은총과 자비가 듬뿍 내리는 기분이 들었다.

미국의 소설가 오 헨리는 10년 남짓한 작가 생활 동안에 300여 권의 단편소설을 썼다고 한다. "마지막 잎새"나 "크리스마스 선물"은 잘 알려진 그의 작품이다. 이 오 헨리의 소설 "현자(賢者)의 선물"에 다음과 같이 행복을 나누는 사람들의 얘기가 나온다. Donald Lee라는 사람이 추운 겨울에 직업을 잃었다. 먹고 살길이 막막했던 그는 굶주림에 지쳐 할 수 없이 구걸에 나섰다. 돈 많은 사람이 드나드는 고급 식당 앞에 서서 한 쌍의 부부에게 동정을 구했으나 보기 좋게 거절당했다. 그때 함께 가던 부인이 퉁명스럽게 거절하는 남편을 보고 "이렇게 추위에 떠는 사람을 밖에 두고 어떻게 우리만 들어가 식사를 할 수 있겠냐"며 1달러를 주었다.

그녀는 "이 1달러로 음식을 사 드시고 용기를 잃지 마세요. 그리고 당신이 직업을 곧 구하도록 기도할게요."라고 말했다. Donald는 "부인! 고맙습니다. 부인은 저에게 희망을 주셨습니다. 절대 잊지 않겠습니다."라고 대답했었다. 그러자 부인은 "당신도 복 많이 받고 좋은 일 많이 하세요. 다른 사람에게도 사랑과 희망을 주는 데 노력하세요."라고 다정히 말하고 안으로 들어갔다.

Donald는 우선 50센트로 요기부터 하고 50센트를 남겼다. 그때 마침 한 노인이 부러운 듯이 자신을 쳐다보고 있음을 알았다. Donald는 남은 돈 50센트를 꺼내 빵을 사서 노인에게 주었다. 이 노인은 빵을 조금 떼어먹다 남은 빵조각을 종이로 싸고 있었다. Donald가 내일 먹으려고 남겨두는 것이냐고 묻자 이 노인은 "아니오, 저 길에서 신문을 파는 아이에게 주려고 합니다."라고 했다. 노인이 소년에게 빵을 건네자 이 아이는 고맙다며 맛있게 빵을 먹었다. 그때 마침 길 잃은 강아지 한 마리가 빵 냄새를 맡고 꼬리를 흔들며 소년에게 다가왔었다. 소년은 조금 남은 빵 부스러기를 강아지에게 주었다. 그리고 소년은 기쁜 마음으로 신문을 팔러 뛰어갔고 노인도 일감을 찾아 떠났다.

Donald는 그 모습을 보며 "나도 이렇게 있을 순 없지."라고 생각하는 순간에 강아지의 목에 걸린 목걸이가 눈에 들어왔었다. Donald는 길 잃은 강아지의 목걸이에 적힌 주소를 보고 주인을 찾아 나갔다. 주인은 아주 고마워하며 Donald에게 10달러를 주었다. 그러면서 "당신같이 양심적인 사람을 내 사무실에 고용하고 싶소. 내일 나를 찾아오시오"라고 말했다. Donald는 좋은 일자리를 얻었고 열심히 일했다. 이렇게 지나가는 한 여인의 1달러가 나누어지면서 얼마나 많은 사람을 행복하게 하고 또 아름다운 세상을 만들었는지 모른다.

가진 게 없어서 남에게 나눌 것이 없다고 생각하지 말라. Donald는 구걸하는 처지에서도 가진 것을 아낌없이 나눔으로써 하늘이 주는 기쁨과 축복을 받을 수 있었다. 우리도 굶주리는 사람, 가난한 사람, 병들어 고생하는 사람들을 위해 가진 것을 나눌 수 있다면 좋겠다. 무엇이든지 가지고만 있으면 아무런 쓸모가 없다. 하지만 이것을 나눌 때 소중한 가치를 발휘한다. 나눔은 행복의 시작이다. 진정한 행복은 나누어 줄 때 느낀다. 그 중에서 가장 귀한 나눔은 사랑이라 생각한다.

돈 많은 사람은 도움이 필요한 단체나 사회에 큰돈을 기부한다. 그들의 도움으로 수많은 사람이 재생의 기회를 얻는다. 내가

1달러를 주고 행복을 느끼듯 그들은 더 큰 보람을 느낄 것이다. 물론 가진 게 많아서 나누어 주는 것은 아니다. 그들은 다른 사람들의 도움 없이는 부자가 될 수 없었다는 것을 알고 있다. 내가 돈을 벌게 해준 사회에 환원하는 것이다. 나눔의 행복을 아는 사람들이 할 수 있는 일이다. 인간은 홀로 살 수 없는 더불어 사는 공동체에서 함께 살아간다는 것을 그들은 너무 잘 알고 있었다. 그들은 아무리 똑똑해도 무인도에서 홀로 돈을 벌 수 없음을 잘 알고 있었다. 우리는 모두 함께 일하고 함께 나누는 공동체의 한 사람이다.

벗이 그리워질 때

시카고에 사는 친구로부터 전화가 왔다. 그곳은 눈이 너무 많이 와서 차를 운전하고 다닐 수도 없고 영하 10도 이하의 겨울 날씨에 추워서 계속 방구석에 박혀 있다고 했다. 그러면서 내가 사는 캘리포니아는 지금 온도가 얼마나 되냐고 물었다. 우리가 사는 이곳은 봄날같이 따뜻하니 와서 좀 쉬고 가라고 했다. "가도 좋아? 좀 먹고 재워 주겠어?" 오면 골프도 같이 치고 맛있는 먹거리도 찾아다니자는 등 이야기를 나눴다. 그런데 친구의 말이 이번에는 나 혼자 간다! 부인은 어쩌고? 싸웠어? 비행기 예약을 하고 다시 연락하마. 아무튼, 만나서 이야기하자. 이렇게 전화를 끊었다.

항상 부부간에 사이좋게 사는 친구인데. 혼자 온다니! 부부 싸움을 했다고 혼자 올 친구는 아닌데. 좀 이상한 예감이 들었다. 일주일이 지난 어느 날 친구와 나는 저녁을 먹고 술을 한잔 나누고 있었다. 친구야, 나, 췌장암 말기래. 앞으로 서너 달 정도 살 수 있다네. 사형선고를 받은 셈인데 사형 집행은 한 달 후가 될 수도 있고 어쩌면 1년 후로 미루어질 수도 있나 봐. 재수가 좋으면 집행유예로 살아남을 수도 있다나. 아직 우리 가족 아무에게도 말하지 않았어. 제일 먼저 너에게 알리고 조언도 듣고 싶고 마지막이 될지도 모르는 친구의 얼굴이 보고 싶어지더라. 그래서 혼자 왔노라고 말했다.

나는 청천벽력 같은 소식에 눈이 캄캄해지고 아무 말을 하지 못했다. 잠시 숨을 돌리고 "넌 이겨낼 수 있어. 용기 내어 투병하면 암도 물러 칠 수 있다네. 아직은 갈 때가 아니잖아. 기도는 기적의 마중물이라 했으니 우리 함께 기도하자."라며 친구의 손을 꼭 잡고 하느님께 기도했다. 다음 날 아침을 먹으며 우린 서로 별말이 없었다. 아직 아무것도 모르는 집사람은 "오늘은 두 분이 왜 아무 말이 없느냐? 무슨 비밀이라도 있는 것으로 보이네. 식사 많이 하시라."라며 커피를 따랐었다. 아침 식사가 끝난 후 친구와 함께 동네 공원을 한 바퀴 돌았다. 그리고 집사람의 눈을 피하려고 커피숍으로 자리를 옮겨서 친구의 건강에 관한 이야기를 다시 시작했다. 나는 위선 가족들 특히 부인에게 먼저 알리고 상의하라고 말했다. 잘못하면 부인이 배신감을 느낄 수도 있으니 가능한 한 빨리 부인께 알리라고 했다.

무한한 것이 세월이라 했는데 친구의 삶이 시한부 삼사 개월밖에 남지 않았다는 짧은 유한의 세월을 할당받았다고 하니 이제 나에게는 내일이 없는구나 하는 생각이 들었다는 친구의 말에 나는 숙연해졌다. 나는 생각에 잠겼다. 오늘이 가면 더 좋은 내일이 온다기에 일찍 잠자리에 든 것도 아니었는데 다행히도 아침에 눈을 떠보니 아직도 오늘이 내 앞에 있었다. 하지만 이제는 알 것 같았다. 나의 오늘은 내일의 발판도 아니고 나의 내일은 오늘의 희망도 아니라는 것을 알았다. 내일도 없었고 꿈도 없었다. 그저 오늘을 이겨내면 앞으로 서너 달까지는 또 다른 오늘이 우리 앞에 있음에 고마울 뿐이다. 그 오늘이 계속되는 기적이 내 친구에게 나타나기를 바라면서.

나를 찾아준 친구에게 고마움을 느꼈다. 살다가 힘이 들고 마음이 외로울 때 좁은 내 어깨지만 그가 기댈 수 있다고 생각했나 봐. 내 어깨에 기대어 눈을 감은 친구를 보며 나도 누군가의 작은 위로가 되어줄 수 있음에 감사드렸다. 인생의 여로에 가끔 걷는 길이 험난하고 걸어온 길이 너무 멀어만 보일 때 그대여 그대의 등위에 짊어진 짐을 다 덜어줄 수는 없을지라도 같이 가며 말벗이라도 되어줄 수 있게 그대 뒤를 총총거리며 걷는 그림자가 되겠습니다.

무엇 하나 온전히 그대를 위해 해줄 수 있는 것은 없어도 서로 마주 보며 웃을 수 있는 여유로운 마음 하나 나눈다면 그대여 그것만으로도 참 좋은 벗이 되겠습니다. 그냥 지나치며 서로 비껴가는 인연으로 서로를 바라보면 왠지 서로가 낯이 익기도 하고 낯설기도 합니다. 특히나 살아온 날들보다 살아갈 날들이 짧다고 느끼는 사람에게는 그냥 주어진 인연 만들어진 삶의 테두리에서 가끔 밤하늘의 별을 보며 뜨거운 눈물 한 방울 흘릴 수 있는 따뜻한 마음 하나 간직하면 족한 것입니다. 친구의 건강을 빌고 또 빌었다.

모든 인간관계가 그러하듯이 우정도 타인과 우연한 만남에서 시작되어 서로가 뜻과 행동에 공감하면서 자연스럽게 형성되는 관계라 생각한다. 삶이란 지나고 보면 젊음도 흘러가는 세월 속으로 떠나가 버리고 추억 속에 잠자듯 소식 없는 친구들이 그리워진다. 서럽게 흔들리는 그리움 너머로 보고 싶던 얼굴도 하나 둘 사라져 간다. 잠시도 멈출 수 없는 것만 같아 숨 막히도록 바쁘게 살았는데 어느 사이에 황혼의 빛이 다가온 것이 너무나 안타까울 뿐이다. 흘러가는 세월에 휘감겨서 온몸으로 부딪히며 살아왔는데 벌써 끝이 보이기 시작한다. 휘몰아치는 생존의 소용돌이 속을 빠져나왔는데 뜨거웠던 열정도 이제 온도를 내려놓는다. 삶이란 지나고 보면 너무나 빠르게 지나가는 한순간이기에 남은 세월에 애착을 느낀다. 비록 남은 시간이 삼사 개월뿐이라지만 어렵고 힘든 순간에 함께 할 수 있는 친구가 너무 고마웠다.

경륜과 경력의 차이

한국 속담엔 인간 70이면 고려장 신세라고 했지만, 그리스 격언에는 "집안에 노인이 없으면 빌려라"라는 말이 있다. 전쟁 영웅 맥아더 장군도 "The experience is irreplaceable. 경륜은 바꾸어 놓을 수 없다."라고 말했다. 삶의 경륜이 얼마나 소중한지를 잘 보여주는 말이다. 요즘 젊은이들은 자신도 늙어가는 것을 잊은 체 나이 든 사람을 경시하는 풍조가 있는 것 같다. 우리나라가 동방예의지국이라 하지만 삼강은 다 얼어붙었고 오륜은 스페어타이어 까지 다 펑크가 났다고 한다.

고려장 풍습이 있었던 고구려 때 가난한 선비 박정승은 노모를 지게에 지고 산으로 올라갔다. 그가 눈물로 절을 올리자 노모는 "네가 길을 잃을까 봐 나뭇가지를 꺾어 표시해 두었다."라고 말했다. 박정승은 이런 상황에서도 불효자식을 생각하는 노모를 버리지 못하고 모셔와 국법을 어기며 봉양했다. 그러던 어느 날 중국 수나라 사신이 조공을 받으러 고구려 조정에 나타났다. 그는 조정 대신들 앞에서 고구려 신하들은 충성심이 강하고 동방에서 지혜롭다고 자부심이 강한 민족이니 내가 내는 문제의 맞는 답을 가져오는 것에 따라 조공을 액수를 삭감해 주겠다고 했다.

첫 번째 문제로 사신들이 타고 온 말들 보이며 이 가운데 어미 말과 새끼 말이 있다. 그것을 가려내 보라는 것이었다. 이 문제로 고민하는 박 정승에게 노모는 말했다. 위선 말들을 하루 종일 굶겨라. 그리고 그다음 날 먹이를 주어라. 여물을 먼저 먹는 놈이 새끼란다. 중국 사신은 약간 놀라면서도 침착하게 네모난 나무토막을 내밀며 이 나무의 위와 아래를 가려내 보라는 것이었다. 이젠 모든 신하가 노모를 모시고 와서 그녀의 해답만을 기다리고 있었다. 노모는 그 네모난 나무토막을 물에 띄워 보아라. 나무는 밑에서부터 물을 빨아올리니 물에 뜨는 쪽이 위쪽이란다. 중국 사신들은 놀라고 약이 올라 더 어려운 문제를 내었다. 이번에는 재(灰)로 새끼를 한 다발 꼬아 바치라고 했다. 역시 노모의 지혜를 빌리고자 조정 대신 들은 박정승의 노모 앞에 모였다. 노모는 새끼 한 다발은 가져오라고 했다. 그리고 그 새끼를 불태우라고 했다. 그러나 아무도 원지 모르고 쳐다만 보고 있을 때 노모는 "이것이 바로 재로 꼬아 만든 새끼가 아니고 뭐냐?" 이라며 사라졌다는 말이 있다.

경험과 경륜은 성공과 실패의 합작품이다. 인생을 살아온 지혜와 경험의 축적이다. 좋은 경륜도 있지만 나쁜 버릇도 경험으로 습관처럼 키워져 나간다. 바늘 도둑이 소도둑 된다는 말이나 한번 교도소에 들어갔다 나온 사람이 더 큰 범죄를 또 저지른다는 것이다. 교도소에서 서로의 경험을 나누고 다음에는 잡히지 않을 방법을 연구한다. 또한, 세 살 버릇이 여든까지 간다고 한다. 이혼한 부모 밑에서 자란 아이나 부모를 공경하지 않는 부모 밑에서 자란 아이들은 그들의 부모가 하는 것을 보고 자랐다. 이미 내가 원치도 않은 옐로카드를 하나 받은 인생이라고 할까? 거짓말을 밥 먹듯이 하는 정치가의 아들딸이나 불법으로 회삿돈을 빼돌리는 재벌들의 자녀들이 보고 배우는 것은 그들이 살아가는 데 어떤 영향을 미칠까 생각하게 만든다. 사람은 좋은 것도 나쁜 짓도 자기도 모르게 보고 배우고 또 따라 하게 된다.

다음은 천재 같은 머리를 가지고 높은 학력을 가진 사람보다 화려하고 무서운 경력을 가진 사람의 이야기다. 하루는 두 형제 강도가 은행에 들어가서 이렇게 소리친다. 움직이지 마, 돈은 정부의 돈일뿐이고 목숨은 여러분의 것이니 시키는 대로만 하면 아무 문제도 없을 것이다. 은행 직원들은 강도의 말에 예상외로 마음이 편해져 조용히 엎드려 있었다. 이건 바로 일반적인 생각을 바꾸는 심리적인 반전 콘셉트 형성 전략이다.

강도라면 큰 패닉에 빠지는 일반적인 사람들의 생각을 바꾸는 데 성공한다. 그 와중에 한 늙은 여성이 갑자기 도발적인 행동을 하려고 하자 강도는 차분하게 말한다. 어머님! 교양 있게 행동하십시오. 말씀드렸듯이 당신을 해칠 이유도 생각도 없습니다. 이건 바로 프로다운 냉정함을 유지하기 위한 전략이다. 그들은 평소 연습하고 경험한 대로 어떤 상황에도 돈을 가져오는 목적에만 집중하며 냉정함을 유지한다. 그 결과 강도는 무사히 돈을 갖고 나올 수 있었다.

돈다발을 들고 무사히 집에 돌아온 동생 강도가 형 강도에게 말한다. 형님, 우리 얼마 가져왔는지 세어 봅시다. MBA 출신 동생의 물음에 중졸 형님이 답한다. 이런 바보 같은 놈, 이 많은 돈을 세려면 얼마나 힘들겠냐! 오늘 밤 9시 뉴스에서 알려줄 테니 기다려 봐라. 이건 바로 경험의 중요성, 경험이 학벌보다 더 중요한 이유를 알게 해준다.

강도들이 은행을 떠나고 은행은 정신없이 요란하다. 은행 매니저는 상관에게 경찰을 부르자고 채근한다. 그러나 상관은 침착하게 말한다. 잠깐! 경찰 부르기 전에 일단 10억은 우리 몫으로 빼놓고 지금까지 우리가 빼돌렸던 70억을 이번 기회에 메꾸도록 하자. 이것을 바로 파도 타고 헤엄치기 전략이라 부른다. 하늘이 무너져도 정신만 차리면 산다는 속담을 기억하며 위기의 상황에서도 냉정함을 잃지 않는 기지와 용기를 발휘한다. 상관은 행복한 미소를 지으며 말한다. 강도가 매달 들려주면 좋겠구먼…. 그날 저녁 9시 뉴스에 어느 은행에서 100억이 강탈되었다고 보도되었다. 강도 형제는 하도 이상해서 돈을 세어 보았다. 아무리 세어봐도 20억이다. 강도 형제는 땅을 치며 말했다. 우린 목숨 걸고 고작 20억 벌었는데 저놈들은 손가락 하나로 80억을 벌었구나.

나를 슬프게 하는 말과 글

어느 SNS에 빌 게이츠의 명언이란 글이 올랐다. 억만장자의 명언이라기에 궁금하여 읽어보았다. 그는 "태어나서 가난한 건 당신의 잘못이 아니지만 죽을 때도 가난한 건 당신의 잘못이다."라는 말을 했었고 이것을 명언이라며 지각없는 사람들이 전하고 있었다. 나는 머리가 띵해지고 가슴이 멍해지는 느낌으로 말을 잊었다. 이것이 정말로 억만장자 빌 게이츠가 한 말이고 또한 이것을 명언이라고 전하는 사람들은 도대체 어떤 사람들일까에 대해 의심이 갔다. 이 지구상의 80~90%에 해당하는 사람들은 가난하게 살고 있다. 단순히 그들 모두의 잘못과 게으름에 의해 가난하게 사는 것만은 아니다. 가난하면서도 사랑으로 정직하고 열심히 살아가는 사람들에 대한 인격 모욕이다.

오늘도 세계 인구의 80~90% 이상이 가난하게 살다 죽어가고 있고 고작 10% 정도가 부자로 살다 죽는다. 빌 게이츠의 말 대로라면 열 명 중에 여덟 또는 아홉 명은 그들이 잘못하고 게으르고 노력하지 않아 가난하게 살았단 말이 된다. 그들이 무엇을 잘못했단 말인가? 몰라도 너무 모르는 소리다. 그가 아무것도 없는 아프리카 오지에서 태어났었다면 오늘의 억만장자 빌 게이츠가 될 수 있었을까? 물론 그의 두뇌와 노력을 평가절하하지 않는다. 그러나 이미 기울어진 운동장에서 흙수저를 물고 나온 사람의 처지와 심정을 너무 모르는 소리다. 억만장자가 할 소리는 아닌 것 같다. 그는 이 지구상의 많은 사람을 슬프게 하고 있다. 많은 사람의 분노를 가져오는 슬픈 이야기다.

또 하나 내용이 전혀 다른 슬픈 이야기는 너무 가슴 아프게 하고 감동을 주는 글이다. 내가 이 아픔의 주인공이라면 어떻게 했을까 고민하게 만든다. 이야기는 월남전에 참전했던 미군 한 명은 한 눈과 다리를 잃었다. 그가 전역하고 미국으로 돌아갈 날이 머지않아 어머니에게 전화했다. 전화를 받은 어머니의 기쁨은 말할 수 없었다. 빨리 오라고 보고 싶다며 어머니는 울먹였다. 그때 수화기 너머로 아들이 말했다. "어머니, 문제가 있어요. 지금 제 옆에 전쟁에 함께 참전했던 동료가 있어요. 그는 돌아갈 집도 혈육도 없어요. 게다가 전쟁 중에 눈과 다리를 하나씩 잃었어요. 그와 우리 집에서 함께 살 수 있을까요?"

어머니는 "글쎄다. 아들아, 네 마음은 알겠다만 며칠 정도는 가능하겠지. 어쩌면 몇 달도……. 그러나 평생 그럴 순 없지 않겠니! 네 마음은 이해하지만, 세상에 그런 장애인을 언제까지나 함께 데리고 살긴 어려울 거야. 괴로운 짐이란다. 여러 사람을 힘들게 할 거야!" 어머니의 이 같은 답변에 아들은 무거운 마음으로 전화를 끊었다. 그리고 며칠 후 어머니 앞으로 급전이 날아들었다. 아들이 죽었으니 시신을 인수해 가라는 내용이었다. 바로 며칠 전에 통화한 아들이 세상을 떠났다니, 어머니는 믿을 수 없었다. 죽은 아들을 만나러 간 어머니는 부대장에게 멀쩡했던 아들이 어떻게 죽었느냐고 물었다. 부대장은 아들이 눈과 다리를 잃은 부상병이었고 아마 그 처지를 비관하여 옥상에서 투신자살한 것 같다고 알려주었다. 다리와 눈을 하나씩 잃은 그 동료가 바로 자신의 아들임을 알게 된 어머니는 싸늘한 아들의 시신을 끌어안고 오열하고 말았다.

너무 슬픈 일이다. 내가 그 전화를 받은 어머니였다면 어떻게 대답했을까? 그 어머니 보다 다른 말을 했을까? 뾰족한 명답이 보이지 않았다. 무슨 말을 어떻게 할 수 있었을까 생각하니 그저 가슴만 미어졌다. 아들이 아닌 장애인을 돌보기 어려울 것 같다고 말한 어머니가 잘못일까? 지금껏 우리가 한 수많은 말들이 어디서 어떤 결과와 연관되었는지 무서워졌다. 이상과 현실은 아주 다르고 그 속에서 살아가는 것이 우리 인생이다. 물론 이런 사실은 명언도 철학도 아니지만, 가슴 깊이 새겨들어야 할 슬픈 이야기다. 이런 장애인에게 빌 게이츠는 무슨 말을 했을지 궁금해진다.

식물인간이 되어도 좋으니 죽지만 말고 내 곁에 있어 달라고 애원하는 아내의 순애보나 늙은 어머니를 산에 갖다 고려장 움막에 버리고 가는 자식의 내려갈 길을 걱정해 나뭇가지를 꺾어 두는 어머니의 마음은 감동을 주는 슬픈 이야기다. 딸 사랑 심봉사와 효녀 심청 이야기에 감동하지 않을 사람이 어디 있으랴.

감동을 주고 공감을 갖게 하는 말과 글로 우리의 삶을 바르게 인도해 주는 것이 명언이 아니고 무엇이겠는가? 식물인간이 된 남편을 돌보는 아내와 자식들을 바르게 키우는 어머니 그리고 눈먼 심 봉사는 노력이 부족해서 가난하게 산 것이 아니다.

또한, 우리는 여기서 빌 게이츠의 명언이라는 말이 왜 많은 사람에게 슬픔을 주는지 알아보려고 한다. 노예로 태어난 사람에게 내 잘못으로 대농장주나 귀족이 되지 못했느냐고 묻지 마세요. 공산 독재 국가 북한에 태어나 피어나지도 못하고 굶주리다 죽어간 사람들이 그들의 게으름 때문일까요! 기울어진 운동장의 맨 아래쪽에서 뛰어온 사람에게 내 잘못으로 꼴찌를 했다고 비웃지 마세요. 흙수저를 물고 태어나 쌀밥을 먹어보려고 노력하는 이들에게 경의를 표하세요. 장애인으로 태어난 사람에게 왜 한평생 그렇게 사느냐고 상처를 주지 마세요.

당신은 개천에서 태어난 용이랍니다. 그러나 당신은 적어도 용의 알이 부화할 수 있는 물 좋은 개천에서 태어났다는 것을 잊어서는 안 됩니다. 당신이 북한이나 아프리카의 어느 나라에서 태어났다면 용이 될 수 있었을까요? 아무도 당신의 동정이나 도움을 요구하지는 않지만 다른 사람의 가슴을 아프게 하고 분노를 일으키는 말은 명언이 아니다. 해서는 안 될 말이다. 부자는 돈의 액수로 평가되는 것이지 인격으로 이룩한 것이 아닌 것 같다. 내가 사회에 기부하는 500달러는 내 월급의 10%에 해당한다. 빌 게이츠가 1년에 기부하는 500만 달러는 그의 연 수입의 0.001%나 되는지 모르겠다.

3

소각에서 냉각까지 불과 50분 | 99

걸인과 창녀 | 103

내가 사랑한 세 여인 | 107

헤밍웨이 | 112

여덟 명의 자식과 한 명의 애인 | 117

나그네 인생 | 122

좋은 인간관계 | 125

남편과 아내 | 129

미백의 여유 | 135

이 가을의 마지막이 가기 전에 | 139

소각에서 냉각까지 불과 50분

나이를 먹어가면서 그동안 소식이 없었던 친구로부터 연락이 오면 누구는 어디가 아프고 누구는 어떻게 죽었다는 이야기로 시작된다. 소식이 없는 친구는 아직 살아있다는 것이다. 죽은 사람의 나이에 따라 사람들의 반응이 달라진다. 소위 100세 시대라는 요즘에 나이 90대에 죽으면 살 만큼 살았네. 70대에 죽은 사람에게는 아직은 갈 때가 아닌데. 80대에 죽으면 그 사람의 처지나 건강 상태에 따라 고생하더니 잘 갔네! 또는 행복한 사람에게는 좀 더 살아도 좋았을 걸 등으로 하는 말이 다르다.

그러나 이러한 말들은 죽은 이의 친구나 친척들이 하는 말이지 직계가족의 반응은 다르다. 죽은 이는 말이 없고 산 사람들이 편하게 되었다는 홀가분한 표정으로 울지도 않고 애달파 하지도 않으며 아무 말 없이 장례식을 무사히 마치는데 정신이 없다. 그러나 죽은 이가 남겨 놓고 간 것에 따라 대접은 달라진다. 물론 젊은 나이의 자식이나 배우자를 보낸 가족은 슬피 울며 죽은 사람에 대한 애도와 나는 어떻게 살 수 있을까 하는 걱정에 사로잡힌다.

얼마 전에 친구가 죽어서 장례식에 참석하게 되었다. 성당에서 간단한 영결미사를 올리고 화장터로 갔었다. 화장터 정문에 수십 대의 영구차와 유가족들이 탄 버스가 줄을 서 들어오고 있었다. 코로나도 도와주는 이렇게 잘 되는 비즈니스도 있는구나 하는 생각이 들었다. 내 몸이 곧바로 불에 태워질 것인데 아무런 반항 없이 줄을 서 기다리고 있었다. 그들의 영혼은 어디에 있을까? 빨리 일어나 도망가라며 시체 위를 맴돌고 있는 것은 아닐까? 아무리 크게 소리를 질러도 들어주는 사람이 없고 아무리 관을 두들겨도 열어주는 사람이 없었다. 결국, 한 시간 정도가 지난 후에 그는 꼼짝 못하고 불가마 속으로 끌려들어 가고 있었다. 얼마나 뜨거웠을까? 영혼은 도망쳐 달아났다.

관이 전기화로 속으로 내려가면 고인의 이름 밑에 "소각 중"이라는 문자 등이 켜지고 40분쯤 지나니까 "소각 완료" 그리고 또 10분쯤 지나니까 "냉각 중"이라는 메시지가 켜졌다. 10여 년 전에는 두 시간 정도가 걸렸는데 이제는 50분 정도로 줄었다. 기술이 발달해서 좋다고나 할까? 모든 관리와 의전 절차도 세련되고 간단해졌다. 냉각이 완료되면 하얀 뼛가루가 줄줄이 컨베이어 벨트에 실려 나오는데 성인 한 사람의 사체가 한 되 반 정도의 재로 변해 있었다. 화장장 직원이 건네준 뼛가루를 담은 봉투를 화장회사 사장님이 직접 유가족들에게 정중히 전달하고 있었다. 유족들은 미리 준비한 옹기나 나무 상자에 뼛가루를 담아 하얀 띠로 받쳐 목에 걸고 집으로 또는 산이나 강으로 간다고 한다. 슬피 우는 유가족들은 별로 보이지 않았다.

원통하게 죽었거나 비명에 간 경우가 아니면 요즘에는 유족들도 별로 울지 않는다. 가끔 묵주나 염주를 굴리며 기도하는 사람이 보였다. 세 살 난 어린 아기가 소각되었다. 하얀 카드보드로 만든 관이 내려갈 때 젊은 엄마는 돌아서서 슬피 울었다. 부모를 따라 화장장에 온 청소년들은 대기실에 모여 아이스크림이나 먹으며 스마트폰으로 게임을 하고 있었다. 문상객으로 찾아온 사람에게 상주가 "우리는 호상(好喪)입니다."라며 부모의 죽음을 호상이라고 인사한다. 듣기 거북하다. 차라리 그냥 "감사합니다. 예, 어머님은 천당에 가셨습니다."라고 인사했다면 좋았을 것을. 금방 있던 사람이 순식간에 없어졌는데 뼛가루는 남은 사람들의 슬픔이나 애도와는 상관없이 인간 생명의 종말로서 합당하고 편안해 보였다고나 할까. 죽으면 말문이 닫혀 죽은 자는 산 자에게 죽음의 내용을 전할 수 없고 죽은 자는 죽었기 때문에 죽음을 인지할 수도 없다. 인간은 그저 죽을 뿐, 죽음을 경험할 수는 없는 것이다.

삶의 무거움과 죽음의 홀가분함을 생각하면서도 화장터에 다녀온 날이면 침울해졌다. 죽음은 그저 계절이 바뀌고, 날이 저물고, 비가 오고, 바람이 부는 것과 같은 자연현상이지 애도할 만한 일이 아니라며 애써 위로해 보았다. 가볍게 죽어야겠다고 생각하니 정리해놓을 것들이 생각났다. 내 서재의 책상 서랍과 수납장, 그리고 책장을 들여다보니 지금까지 소중히 여겨왔던 그의 전부가 아무에게도 필요 없는 것으로 보이기 시작했다. 아내가 내 서재에서 추억과 그리움에 잠겨 서성거리며 눈물을 흘릴까 생각해 본다. 이 속에서 이것과 함께 살아온 한 생애가 머지않아 쓰레기장으로, 화장장으로 나갈 것이 아닌가.

골프 클럽은 허리 수술을 한 후 팔아버렸다. 등산을 좋아했던 내가 어느 날부터 산에 가기가 힘들어졌다. 이젠 높은 곳에 오르지 못한다. 등산 장비 중에서 쓸만한 것들은 젊은이들에게 나누어주었고 나머지는 버렸다. 낡은 등산화를 버리려는데 갑자기 슬퍼졌다. 뒤축이 닳은 등산화는 내 몸뚱이를 싣고 높은 산을 오르내린 나의 동반자였다. 버리려는 등산화가 나를 쳐다보고 있었다. 그래도 나는 잘 가라며 내가 직접 버리는 것이 좋다고 느꼈다. 우리가 즐겨 산행한 공원에 하늘을 향해 높이 뻗은 Redwood 나무 밑에 수목장을 해주었으면 좋겠다는 생각이 들었다. 낡은 등산화도 함께 묻어 주었으면 하는 생각이다. 우리 산악회 회원들도 모두 옆에 왔으면 좋겠다.

걸인과 창녀

전쟁의 흔적이 곳곳에 남아 있는 서울의 거리, 종로 3가에는 창녀촌이 있었다. 그 옆 파고다 공원에는 걸인들이 그늘 밑에서 낮잠을 자거나 큰 소리로 싸우기도 했다. 처음 이곳에 나타난 걸인으로부터 신고식을 받고 있었다. 한쪽 다리를 절고 말도 잘못하는 걸인이 신고식을 제대로 못 한다고 고참 걸인으로부터 얻어맞았다. 소아마비에 선천성 뇌성 질환으로 한쪽 다리를 못 쓰고 말을 잘 못하는 40대 중반의 남성은 전쟁 중에 부모와 헤어진 후 거리를 방황하며 얻어먹고 살았다.

다행히 옛날에 부모님과 함께 다니던 성당 신부님의 도움을 받아 다른 걸인들보다는 옷도 깨끗이 입고 다녔다. 신부는 그에게 용돈도 넉넉히 주었고 가끔 근처 여관방에 대려다 잘 수 있게 배려해 주었다. 신부가 왜 나를 이렇게 잘 돌봐주는지 궁금하기도 하고 고마웠다. 그런 도움을 받는 그는 친구 걸인들을 도와주고 먹을 것도 나누어 주었다. 말은 잘 못해도 생각하고 남의 말을 잘 알아듣는 것에 아무런 문제가 없었기에 베풂이 무엇인지를 실천하고 있었다.

온몸이 떨리고 손과 입이 뒤틀려 숟갈로 밥을 먹어도 입에 들어가는 것보다 흘리는 것이 많아 지저분하게 만들기 때문에 돈을 내고 사 먹어도 식당에서 쫓겨나기가 일상이었다. 이토록 문전박대를 당해 서럽고 배고픈 그는 예수 님의 기적이 있기를 바라면서 기도하고 성경 한 권을 다 외우기도 했다. 지난 30년을 성당 주변을 돌면서 성당에 들어오는 것을 싫어하는 사람들의 눈을 피할 수 있는 날에는 미사에도 참석했지만, 성체를 모시러 나갈 수는 없었다.

비가 부슬부슬 내리는 어느 날 그는 우산을 쓰고 파고다 근처 식당을 찾다 쫓겨났다. 이리저리 돌아다니다 나도 모르게 종로 3가 창녀촌 앞을 지나가고 있었다. 이른 시간대에 비마저 오는 날이라 창녀촌을 찾는 남성들은 보이지 않았다. 호객행위를 하던 한 창녀가 나를 보고 비웃었다. 저것도 사내라고 이곳에 들리네. 재수 없어! 모든 사람이 나를 무시하는구나. 이미 알고 있는 사실이지만 한 번 더 슬퍼졌다.

조금 후에 다시 뒤돌아 이곳을 지나는데 한 아가씨가 들어와서 쉬었다 가라고 했다. 몸을 맘대로 움직일 수 없는 나는 겁이 나기도 했고 나를 들어오라는 이유가 궁금해졌다. 나는 "그런 것 할 줄 모르는데요." 하며 뒤로 한발 물러섰다. 그녀는 웃으며 비도 오고 손님도 없으니 그냥 쉬었다 가라고 했다. 그녀는 내가 이 근처를 맴도는 걸인임을 알고 있는 눈치였다. 몸은 불편해도 나름대로 나쁜 사람은 아니라고 생각하고 있는 것 같았다.

창문도 없는 조그마한 방에는 탁자 하나와 이불과 요, 빨간 전

등불 그리고 색깔이 화려한 잠옷이 벽에 걸려 있었다. 그녀는 방석을 내 앞에 놓으며 구들목에 앉으라고 권했다. 시간을 보니 점심때였다. 나는 그녀에게 점심을 시켜 먹으면 어떻겠냐고 물었다. 돈은 충분히 있다며 지갑을 꺼내 보여주었다. 나에게는 성당 신부가 이유도 모르게 자주 건네주는 상당히 많은 돈이 있었다. 그녀는 내가 가진 많은 돈에 약간 놀랐다. 탕수육과 팔보채 요리와 작은 고량주 한 병과 짜장면 두 그릇이 배달되었다. 그녀는 아주 맛있게 먹었다. 그녀는 나에게도 많이 먹여주었다. 눈물 나게 고마웠다. 처음으로 나를 도와준 그녀였다.

편안하고 따뜻한 방에서 점심을 먹고 보니 갑자기 졸음이 쏟아졌다. 창녀는 내가 넉넉히 준 돈으로 포주의 승낙을 받아 한두 시간 잠을 자고 갈 수 있게 해주었다. 몸과 마음을 편히 쉬고 나오는 나는 너무 기분이 좋았고 그녀가 천사같이 고마웠다. 평생 처음 받아보는 인간다운 대접에 눈물이 앞을 가렸다. 이 세상은 아직도 아름다운 곳이 있는가 보다.

오늘은 낙원동 상가 앞에서 쭈그리고 앉아 구걸하고 있었다. 지나가는 사람들이 100원 또는 500원짜리 동전을 내 앞에 놓인 바구니에 던져 넣어 주었다. 가끔 천 원짜리 지폐를 주는 분들도 있었다. 엄마의 손을 잡고 같이 가던 아이가 천 원짜리 지폐 한 장을 내 손에 쥐여주었다. 고맙다는 인사를 하고 "나도 너에게 줄 것이 있으니 잠깐 기다려"라고 불러 세웠다. 그리고 주머니에서 뭔가를 꺼내어 아이 손에 쥐여주었다. 아이는 뛰어가 엄마에게 보여주었다. 아이는 천 원짜리 두 개를 받아온 것이다. 엄마는 발걸음을 돌려 걸인에게 다가가 우리 아이는 천원을 드렸는데 왜 2천 원을 돌려주었느냐고 물었다. 걸인은 나누면 두 배로 늘어난다는 것을 아이에게 가르쳐 주고 싶었다고 말했다.

다음 날도 창녀촌에 들르고 싶었으나 미안해서 가지 않았다. 한 열흘쯤이 지난 후 그 근처를 서성거리다 그녀에게 다가가 점심을 대접할 테니 식당에 가자고 했다. 식당에 들어서는 창녀와 걸인인 나를 본 식당 주인이 별로 달갑지 않게 맞아주었다. 그녀는 오늘도 나에게 밥을 정성껏 먹여주었다. 물 한 방울 흘리지 않고 마실 수 있게 도와주었다. 너무 고마웠다. 드디어 그는 말했다. "당신이 바... 바로 처... 천사야!" 창녀는 깜짝 놀랐다. 뭇 남성들의 천대와 이 사회의 냉대를 받아오던 내가 천사라니! 한평생 처음 듣는 이 아름다운 말에 창녀는 감격했다. 눈물을 흘리는 창녀는 "내가 천사가 아니라 당신이야말로 천사입니다." 둘은 서로 부둥켜안고 눈물 속에 고백했다. "나의 천사여!"

세월이 흐른 후 걸인은 창녀를 데리고 신부님을 찾아갔다. 두 사람이 결혼하겠다는 말에 신부님은 걸인과 창녀를 번갈아 쳐다보면서 하느님의 축복이 내리기를 기도해 주었다. 혼인 미사를 올리는 날 성당에는 동료 걸인과 창녀 등 50여 명이 참석했다. 30여 년을 뵙지 못했던 늙으신 아버지의 모습도 보였다. 성당 신부님이 내게 준 돈이 지금까지 아버지가 먼발치에서 나를 위해 보내준 것임을 이제 알았다. 전쟁의 북새통에 피난길을 떠나면서 나를 버리고 간 계모의 모습은 보이지 않았다. 슬픔과 사랑이 내 마음을 쥐어뜯고 있었다.

내가 사랑한 세 여인

나에겐 사랑한 세 여인이 있었다. 바람둥이라고 해도 좋다. 아내도 이미 알고 있는 일이다. 내로남불이라고 하더니 그것도 자랑이라고 하는 것이냐 해도 상관없다. 나는 오늘 아내가 아닌 다른 여인을 만나러 가는 날이다. 실은 병석에 누운 아내의 권유로 나가는 장소다. 아내는 "당신 그녀를 사랑하잖아요. 당신 그녀와 더 많은 시간을 보내야 해요." 뜻밖의 말에 코끝이 찡해졌다. "근데 여보 난 당신을 사랑해" 나의 말에 아내는 이렇게 응수했다. "알아요, 그렇지만 당신은 그녀도 사랑하잖아요."

아내가 만나라고 한 다른 여자는 실은 나의 어머니였다. 미망인이 되신지 벌써 몇 년이 되어 외롭게 사시는 어머니를 자주 찾아뵙지 못한 지 오래되었다. 어머님은 모르시지만, 특히 지난 3년간은 췌장암으로 생명이 위독한 아내를 돌보느라 어머니 생각은 뒷전으로 밀려나 있었다. 그런 어머니를 만나기 위해 전화를 걸었다. "무슨 일이라도 생긴 거냐? 혹시 나쁜 일이라도!" 우리 어머니들은 저녁 늦게나 특히 아침 일찍 전화가 걸려오면 무슨 나쁜 소식이라도 하는 생각에 가슴이 철렁해지는 세대의 여인들이다. 잠시 후 어머니는 "그러자꾸나." 하셨다.

다음 날 저녁 일을 끝내고 차를 몰고 어머니를 모시러 갔다. 금요일 밤이었고 나는 오랫동안 느껴보지 못한 기분에 휩싸였다. 데이트하기 전에 갖게 되는 가슴 두근거림이라고나 할까. 도착해 보니 어머니도 다소 들떠있는 모습이었다. 집 앞에 나와 계셨는데 근사한 옛 코트를 걸치고 머리도 다듬으신 모양이었다. 코트 안의 옷은 아버지가 돌아가시기 전 두 분의 마지막 결혼기념일에 입으셨던 것이다. 어머니의 얼굴이 환한 미소로 활짝 피어 있었다. 차에 오르시면서 제일 먼저 하신 말씀은 "수진이는 안 왔어?"였다. 아내의 병을 숨기고 있는 나는 수진이는 갑자기 바쁜 일이 생겨서 다음에 같이 오겠다고 둘러댔다. 모처럼 아들과 하는 외출에 마음이 들떠있는 어머니는 "친구들에게 오늘 밤에 아들과 데이트하러 간다고 자랑했더니 모두 자기들 일인 양 좋아하더라."

어머니와 함께 간 식당은 최고로 멋진 곳은 아니지만, 종업원들이 기대 이상으로 친절히 대해 주었다. 어머니는 내 팔을 끼었다. 영부인이라도 되신 기분으로 정중히 내밀어 받치는 의자에 앉으셨다. 웨이트리스가 메뉴판을 어머니께 먼저 드렸다. 어머니는 "내 눈이 옛날 같지가 않구나" 하시며 나에게 메뉴를 읽어 달라고 했다. 메뉴를 반쯤보다 눈을 들어보니 어머니는 향수에 젖은 미소로 나를 빤히 쳐다보고 계셨다. "네가 어렸을 때는 내가 너에게 메뉴를 읽어 줬는데! 오늘은 내가 읽어 드릴게, 엄마!"

그날 밤 나는 어머니와 즐거운 대화의 시간을 가졌다. 특별한 주제도 아니고 그저 일상적인 이야기였다. 시간 가는 줄 모르고 끊임없이 이야기를 나누었다. "다음에 또 오자구나" 하며 자리에서 일어났다. "단 다음번은 내가 낸다는 조건이고 수진이와 같이 와야 한다."라고 하셨다. 어머니를 다시 댁에 모셔다드렸다. 돌아서려는 발길이 무거웠다. 어머니를 안고 볼에 키스하며 어머니를 사랑한다고 말했다. "멋진 저녁이었어. 그렇게 하게 말해줘서 고마워." 아내에게 감사의 말을 전했다. "정말이지 기대 이상이었어."

몇 개월 후 병원에서 전화가 왔다. 어머니가 심장마비로 병원 응급실에 입원해 계시니 빨리 오라는 것이다. 너무 순식간이었고 어찌해 볼 도리가 없었다. 내가 병원에 도착하여 30분도 채 되지 않아 어머니는 숨을 거두셨다. 연세가 90이 되도록 건강하게 사시다 오랫동안 병으로 고생하시지도 않고 아버지 곁으로 가신 어머니가 행복해 보이는 것 같았다. 그러면서 3년을 넘게 암으로 고생하는 아내와 간호에 지쳐있는 내 모습을 어머니는 모르고 가셨으니 다행으로 생각되었다. 아버지 옆 산소에 장례를 마치고 문상객을 대접하고 있는데 전화가 왔다. 아내가 통증이 너무 심해 병원으로 가고 있다는 것이다. 동생에게 손님 대접을 맡기고 나는 병원으로 향했다.

나는 아픔을 호소하며 울고 있는 아내 옆에서 1주일을 보냈다. 오늘은 아내가 통증도 호소하지 않고 밥도 조금 먹었다. 머리를 빗겨드리겠다는 간호사를 물리치고 나의 손에 빗을 잡혀

주며 빗겨 달라고 했다. 가끔 미소도 지으며 딸 영희는 어디 있느냐고 물었다. 일요일인 오후 오늘에 아들딸 가족 모두가 엄마 앞에 모였다. 아내는 손주들아 앞에서 노는 모습을 보며 많이 기뻐했다. 그날 밤도 나는 아내 옆 간이침대에서 기도하며 밤을 새웠다. 새벽녘에 아내가 외마디 소리를 지르며 통증을 호소했다. 의사와 간호사가 달려와 진찰을 하고 진통제를 투약했다. 잠이 든 것 같은 아내는 얼마 후 숨을 멈추고 말았다. 의사가 오늘 몇 시 몇 분에 돌아가셨다는 선고를 마치자 하얀 홑이불이 얼굴을 덮고 머리끝까지 감추어졌다. 이렇게 불과 1주일 사이에 나는 사랑하는 어머니와 아내를 모두 잃었다.

다음 해 가을 어느 날 어머니와 마지막으로 데이트 한 식당에서 편지가 왔다. 어머니께서 맡겨둔 편지와 물건이 있으니 아내와 함께 직접 와서 찾아가라는 내용이었다. 무척 궁금해졌다. 딸 영희가 살아있었다면 나를 좀 태워다 줄 겸 함께 가자고 했을 것인데 그 딸마저 몇 개월 전에 교통사고로 세상을 떠나고 말았다. 나는 불과 1년 사이에 사랑하는 세 여인을 잃은 불행한 남자가 되고 말았다. 아내와 딸마저 가고 없으니 나 혼자 어머니의 마지막 부탁을 접하려고 그 식당을 찾았다.

종업원이 내 이름을 확인한 후 두 사람이 앉는 준비된 테이블에 안내했다. 테이블 위에는 아름다운 꽃으로 장식되어 있었고 내 이름이 적힌 하얀 편지 봉투가 그 옆에 놓여 있었다. 어머님께서 이미 와인과 식사를 주문해 두셨으니 아내분이 도착하는 대로 준비해 드리겠다고 웨이트리스가 친절히 알려주었다. 갑자기 몸에 경련이 일고 슬픔에 가슴이 미어졌다. 내가 사랑하는 세 여인; 어머니도 아내도 딸도 없는 이 자리는 너무 슬펐다.

떨리는 손으로 열어본 편지에는 "아무래도 다음번 데이트 약속은 지킬 수 없을 것 같구나. 정말 그럴 것 같다. 그러니 이번엔 너와 네 처 둘이서 너와 내가 했던 것처럼 함께 즐겼으면 좋겠다. 너희들 식사 비용은 내가 미리 다 지불했다. 그리고 너와 내가 함께 했던 그날 저녁의 시간이 내겐 얼마나 행복하고 뜻깊은 일이었는지 네가 꼭 알아주면 좋겠다. 사랑한다! 엄마가"

눈물이 앞을 가렸다. 그 순간 나는 깨달았다. 우리가 사랑하는 사람에게 그 사람을 사랑하고 있음을 알게 하는 것이 그리고 늦기 전에 그 사랑과 사람을 위해 시간을 내어 무언가 하는 것이 얼마나 중요하다는 것을 알았다. 우리가 사랑하는 사람들이 얼마나 오랫동안 우리와 함께할 것인지는 누구도 모른다. 내가 사랑한 세 여인을 보내고 나서야 알게 된 것 같았다.

헤밍웨이

노벨문학상 수상자 어니스트 헤밍웨이는 1899년에 미국 일리노이 주의 조그마한 도시 오크 파크에서 의사인 아버지와 예술가 어머니 집안에서 태어났다. 그는 세계 1차 대전 중에는 군인으로 전쟁에 참전하기를 원했으나 시력이 나빠 군대에 입대할 수 없었다. 그러나 적십자사 소속 구급차 운전사로 일하면서 민간인 신분으로 참전하던 중 포탄에 맞아 다리에 큰 부상을 입었다. 파리에 있는 군인 병원에서 치료를 받는 중에 참전 경험을 토대로 한 소설을 집필하기 시작했고 "무기여 잘 있어라"를 출간했다. 고국에 돌아와서도 고향을 떠나 쿠바와 미국 플로리다 남단 키 웨스트 섬에서 오랫동안 글을 쓰고 문학 활동을 했다. 그로 인해 플로리다 키 웨스트와 쿠바의 헤밍웨이 재단에서는 올해 2019년에 그의 탄생 120주년을 맞아 여러 가지 기념행사를 준비하고 있었다.

나는 세계 여러 곳을 여행했지만, 미국 바로 밑에 있는 쿠바에는 아직 가 보지 못했다. 헤밍웨이의 개인적인 인생철학이나 살아온 삶은 별로 좋게 보이지 않았지만 나는 그의 소설을 좋아하고 그의 문체와 집필 스타일에 관심이 많았다. 여행도 할 겸 쿠바에서 열리는 헤밍웨이 기념행사에 참석하고 싶었다. 다행히 카스트로 대통령이 사망한 이후 미국과 쿠바의 관계가 개선되어가고 있었다. 나는 유람선 여행으로 쿠바를 다녀올 준비를 하고 있었다. 그러나 헤밍웨이 문학을 좀 더 알아보고 싶었던 나의 꿈과 쿠바 여행 계획은 예기치 못한 팬데믹과 미국과 쿠바의 정치적인 문제로 수포가 되고 말았다.

아쉬움을 가지고 있던 차에 3년이 지난 작년에 케리비안 크루즈를 하면서 키 웨스트 섬에서 하루를 보낼 기회가 있었다. 쿠바에서 헤밍웨이를 만날 수는 없게 되었지만, 이곳 키 웨스트의 헤밍웨이가 살던 집과 기념관에서는 각종 문화행사가 언제나 열리고 있었다. 키 웨스트에는 이미 두어 번 들린 적이 있었지만 갈 때마다 헤밍웨이 문학에는 수박 겉핥기식으로 지나왔다. 글을 쓴다는 사람으로서 조금 부끄러운 생각이 들었다. 그래서인지 오늘은 헤밍웨이 문학에 대하여 좀 더 알아보고 싶은 마음이 생겼다. 무언가 좀 더 배우고 싶은 심정이었다. 우리가 간 그날에도 헤밍웨이 문학에 대한 강연회와 투어 등이 열리고 있었다. 오늘의 강연 주제는 "헤밍웨이 풍선 심리학-헤밍웨이 법칙"이라고 강당 앞 포스터에 적혀있었다. 강당에는 벌써 200여 명의 헤밍웨이 팬들이 자리를 잡고 있었다.

강사는 먼저 헤밍웨이의 생애와 문학에 관하여 간단히 설명했다. 우리가 다 아는 그의 소설 "태양은 다시 떠오른다, 무기여 잘 있어라, 누구를 위하여 종은 울리나, 노인과 바다" 등을 열거하면서 20세기 미국 최고의 작가 헤밍웨이의 작품은 허무주의적인 색채가 농후하다는 강사의 말에 그의 일생이 자살로 마감된 것과 연관된 것이 아닌가 생각되었다. 그의 아버지를 비롯해 그의 가족 5명이 자살로 삶을 마감했다니 어니스트의 죽음도 피할 수 없는 자살이었다고 강사는 말했다. 결혼을 네 번이나 하고 그의 극기주의, 하드보일드 스타일과 마초적 성격, 강인한 남성상은 물론 또한 정서적으로 불안정해 보이는 그의 삶은 어쩌면 문학을 하는 사람과는 잘 어울리지 않는 것으로 보였다.

헤밍웨이가 미국 문학에 남긴 유산은 그의 문체라고 강사는 말했다. 그의 문체는 하드보일드 스타일이라고 부른다. 잡다한 수식이 없고 간결하다. 제삼자의 시각으로 본 사실만을 담담히 서술한다. 문장이 간결하고 알기 쉬운 단어를 사용하기 때문에 영어 실력이 대단하지 않아도 쉽게 읽힌다. 헤밍웨이 문체의 특징이 극명하게 드러난 것이 그 유명한 "여섯 단어 소설"이란 것이다. "For Sale: Baby shoes. Never worn." E. Hemingway 즉 "팝니다: 아기 신발. 사용한 적 없음."이다. 비록 여섯 단어로 이루어진 문장 하나에 불과하지만, 이 안에는 사람들을 울리는 많은 내용이 함축되어 있다. 사용한 적 없는 아기 신발을 판다는 뜻은 아이가 유산 또는 사산되었거나 걸음마를 떼기도 전에 죽었다는 것을 의미하고 그것도 모자라 이걸 팔아야 할 만큼 찢어지게 가난하다는 것을 의미한다. 이런 이유로 영문학을 처음 접하는 사람, 혹은 영문 학도들이 가장 선호하는 작가로 꼽힌다.

오늘 강연의 본론으로 들어가면서 강사는 강당에 모인 사람들에게 풍선을 하나씩 나누어 주었다. 강사는 풍선 속에 각자의 이름을 써넣고 바람을 불어 넣어 빵빵하게 채우라고 했다. 바람이 꽉 찬 풍선들은 닭장 같은 케이지 안에 모두 모아졌다. 잠시 후 선풍기로 바람을 일으키고 풍선을 천정으로 날려 보냈다. 그리고 강사는 헤밍웨이 문학의 문체와 집필 스타일 강의를 계속했다.

약 10분 정도의 시간이 지나니 천정에 닿은 풍선들이 서서히 내려오기 시작했다. 그러자 강사는 지금부터 5분 내로 자기 이름이 들어있는 풍선을 찾으라고 말했다. 사람들은 자기 풍선을 찾으려고 서로 부딪히고 밀치고 강당은 아수라장이 되었다. 5분의 시간이 흐른 후 자신의 이름이 들어있는 풍선을 찾은 사람은 단 한 명도 없었다. 이번에는 아무 풍선이나 하나 잡아 거기에 넣어둔 이름을 보고 그 주인을 찾아주라고 했다. 그러자 5분도 채 지나지 않아 모두가 자기 이름이 들어있는 풍선을 찾았다.

강사는 지금 우리가 놀이한 자기 풍선 찾기는 우리네 삶과 똑같다고 했다. 사람들은 필사적으로 행복을 찾아다니지만 우리는 행복이 어디 있는지 시각장애인처럼 헤매고 있다. 그럼 행복은 어디 있을까? 행복은 다른 사람의 행복과 함께 있다. 다른 사람의 풍선을 찾아주듯이 그들에게 행복을 찾아 나누어 주라고 했다. 그러면 반대로 여러분이 행복을 누리게 된다.

헤밍웨이의 유언에는 장례식은 새벽 4시에 치러 달라고 말했다. 그리고 그의 노벨문학상으로 받은 상금을 포함한 전 재산 40만 달러를 장례식에 참석한 진정한 친구들에게 나누어 주라고 했다. 새벽 4시 장례식에 참석한 친구들은 그리 많지 않았다. 이것이 "헤밍웨이의 법칙"이라고 강의를 마무리 지었다. 헤밍웨이는 행복을 가꾸는 것은 손닿는 곳에서 꽃을 따다 꽃다발을 만드는 것이다. 행복은 거창한 곳에 있는 것이 아니다. 바로 손이 닿는 가까운 곳에 있다. 바로 옆에 있는 친구처럼. 그대 옆에 있는 친구의 손을 꼭 잡아주라. 왜 헤밍웨이 이름을 이 법칙에 붙였는지 알 것 같았다.

여덟 명의 자식과 한 명의 애인

우리 부모 세대에는 대부분이 아이들을 7~8명씩 낳고 길렀다. 피임도 유산도 잘할 줄 모르는 이때 우리 부모는 가난한 살림이지만 아이는 제 먹을 것 가지고 태어난다며 낳는 대로 길렀다. 나도 7남매 중의 한 사람이고 내 친구 영숙이는 8남매 중의 셋째 딸이었다. 우린 한마을에서 자랐고 우리 부모님들은 친한 친구 사이였다. 같은 대학에 진학했지만, 영숙이는 경영대 나는 공대에 다녔기에 자주 만나는 시간이 없었다. 방학 때나 명절에 고향에 계신 양가 할머니를 뵈러 가면 서로 만나는 기회가 많았다. 동네 앞 다방에서 나는 그녀의 오빠 이야기를 그녀는 내 누나와 여동생 안부를 물었고 가끔 시골길을 함께 걸었다. 죽마고우의 정은 오늘도 만나면 반가워 서로의 안부를 물었다.

오늘은 설날, 겨울 날씨답지 않게 햇볕이 따뜻하게 내리고 있었다. 어김없이 영숙이도 나도 할머니 댁에 세배를 왔었다. 그리고 그녀와 나는 오후 늦게 동네 앞 다방에서 만났다. 영숙이는 얼마 전에 아버지가 57세의 나이로 돌아가셨다고 말했다. 이유는 동생의 이혼 소식에 충격을 받아 쓰러진 아버지는 병원으로 옮겨졌으나 끝내 깨어나지 못하고 돌아가셨다. 그렇게 현명하시고 아직도 젊은 55세의 나이에 혼자가 된 어머니는 정신이 나간 아줌마가 되어 하늘만 멍하니 쳐다보고 계신다고 말했다. 나는 뭐라고 위로의 말을 해야 할지 몰라 어물쩍거리며 몇 마디 슬픔을 달래는 인사를 전했다.

아버지가 돌아가신 후 집안이 시끄럽다며 영숙이의 이야기는 계속되었다. 이제 가장 노릇을 하겠다는 큰오빠 말에 부모님이 살던 크고 좋은 집을 팔아 큰오빠에 다 맡겼지만 얼마 가지 않아 나 몰라라 하는 큰오빠 때문에 작은오빠의 원망을 엄마와 온 가족이 감수하고 있다고 했다. 사이좋았던 팔 남매가 큰오빠 때문에 함께 모이는 횟수가 줄어들수록 엄마의 표정은 점점 굳어져서 도박에 빠져 가산을 탕진한 아들한테조차 할 말을 못 하는 딱한 처지가 되어버렸다.

그걸 조금이나마 이해하는 영숙은 다행히도 살림에 여유가 있어 필요할 때마다 형제들에게 도움을 주었고 엄마에게 용돈을 드렸다. 그런 영숙에게 미안했던 엄마는 가끔 이런 말씀을 하셨다. "널 낳지 않았다면 난 어떡할 뻔했나." 괜찮아 엄마, 엄마는 우리 여덟 잘 기우셨고 큰오빠가 지금 좀 어렵게 되어있지만, 곧 자리 잡을 거야, 효자잖아. 이젠 자식 걱정 그만하고 좋은 애인이나 만나 즐기고 살아! "난 애인은 안 돼, 니 아빠 같은 남자가 어디 있겠어!"

그러던 엄마가 어느 날 영숙에게 슬그머니 말씀하셨다. "나 남자친구 생겼어. 작년 여름에 해운대 바닷가에 갔다가 친구의 소개로 만났는데 좋은 분인 것 같아서 가끔 만나 커피도 마시고 함께 등산도 간단다." 어쩐지…. 등산을 자주 가시더라…. 어떤 분이신데…. 뭐 하는 분이신데? 영숙의 질문이 계속되었다. 의사로서 병원 개업을 하고 계신 원장님이신데 부인과는 사별하셨데. 이번 엄마 회갑 때 초대해 봐. 내가 오빠와 언니들한테 말해놓을게. 우린 엄마 회갑 때 호텔 연회장을 하나 빌렸고 많은 친척과 지인들이 참석했다. 그리고 그 아저씨도…. 엄마 남자친구는 멋있고 품위 있고 인자하신 분이었다. 그리고 우리 가족들과 잘 어울렸고 아버지와 비슷한 분위기를 풍겨 더 좋았다. 그 집 자녀들이 아버지의 재혼을 적극적으로 원한다는데 어쩌지? 혼자 계시는 아버지가 좀 그렇다네.

모두 찬성이었다. 그런데 작은오빠가 길길이 뛰기 시작했고 "안돼 엄마 그런 게 어딨어. 우리 불쌍한 아버진 어찌하라고! 이 나이에도 남자가 필요해? 우리 자식들 보며 살면 안 돼? 창피해! 형은 장남이 돼서 엄마 모시기 싫어서 그래? 내가 모실 테니 걱정하지 마. 그러면 아버지 제사 땐 어찌할 건데. 엄마! 난 아직 엄마가 필요하다구! 말도 안 되는 궤변을 늘어놓는 것이 보기 싫어 형제들은 다 가버렸고 소리 지르며 욕을 퍼붓는 나를 엄마가 말리셨다. 그만해라, 없었던 일로 하자."

그리고 몇 년이 지난 어느 날 술이 잔뜩 취해 올케와 싸웠다고 작은오빠의 전화가 왔고 가지 말라고 말리는 영숙을 뒤로하고 간 엄마는 다음날 병원 응급실에서 만났다. 날씨가 갑자기 추워져 수도관이 얼어 터질까 봐 수돗물을 조금 틀어 놓으러 나갔다가 쓰러졌는데 뒤늦게야 발견되어 병원으로 옮겨졌다.

우리 자식들은 중환자실에 누워 있는 혼수상태의 엄마를 처음엔 매일 붙어 있었지만, 날이 갈수록 언제 어떻게 될지 모르는 엄마의 모습에 두려워지기 시작했다. 자식들의 발길이 뜸해지기 시작했고 매일같이 면회시간을 기다리고 있는 건 엄마의 친구 원장 선생님뿐이었다. 우린 깨어나지 않는 엄마를 기다릴 뿐인데 원장님은 엄마의 팔다리를 주물러 드리며 계속 속삭였다. 박 여사 일어나요. 함께 커피도 마시고 등산도 가야죠. 그리고 우리 전에 시장가서 먹었던 아귀찜! 그거 또 먹으러 갑시다. 내가 사준 원피스도 빨리 입어봐야지요!

이렇게 6개월이 지난 어느 날 병원 주치의는 우리 형제들을 불러놓고 말했다. 이제 우리 병원에서 해줄 것은 없습니다. 양로원으로나 집으로 모시게 퇴원 절차를 밟아달라고 했다. 평생 식물인간이라는 판정과 함께 어디로 모실지를 결정해 주면 병원 구급차로 모셔다드린다는 말에 모두들 헉! 큰 올케가 먼저 말했다. 자신은 환자를 집에 모시는 건 못한다고. 둘째 오빠가 말했다. 우린 맞벌이라 안된다고. 장가도 안 간 스물여덟 살 막냇동생은 울기만 한다. 딸들 표정은 "당연히 큰오빠가 해야지" 본인들 하곤 상관없는 이야기였다. 오빠들은 그동안 니가 모셨으니 계속하면 안 될까? 하는 표정으로 영숙의 눈치를 보고 있었다. 그냥 누워계시는 게 아니라 산소 호흡기를 꽂고 있어야 하니 모두 선뜻 대답을 못 했다. 영숙은 결국 내가 맡아야겠다고 생각하며 형제들 꼴을 쳐다보고 있었다.

저~ 제가 한마디 해도 되나요? 언제 오셨는지 우리 곁에 서 계신 원장님. 제가 박 여사께 청혼했을 때 박 여사는 이렇게 말했어요. 아직 우리 아이들한텐 엄마가 필요한가 봐요. 자식들이 내가 필요 없다고 하면 그때 갈게요." 했습니다. 원장님은 물었다. 지금도 엄마가 필요하세요? 난 저렇게 누워 있는 사람 일지라도 숨만 쉬고 있는 박 여사가 필요합니다. 나한테 맡겨 주세요. 내 병원에 져도 상주하고 넓고 좋은 방들이 있고 24시간 간호도 해드릴 수 있으니 제가 있는 옆이 박 여사에게 더 편할 것입니다.

작은오빠가 통곡했다. 다른 형제들도 울었다. 원장님도 함께 눈물을 흘리셨다. 그러나 엄마는 병원을 옮긴 지 한 달도 못가 숨을 거두셨다. 영숙은 엄마를 위해 기도드리며 부탁했다. 엄마, 엄마의 예뻤던 모습만 보고 먼저 가신 아버님 곁으로 편히 가세요. 그리고 엄마의 병든 모습까지도 사랑한 원장님께도 감사하며 편히 가십시오. 엄마, 엄마는 팔 남매 키운 보답은 못 받으셨지만, 여자로서의 사랑은 멋있게 받으셨습니다. 엄마는 67세의 젊은 나이에 가슴 졸이며 평생 키운 팔 남매가 아닌 몇 년 만난 남자의 손을 잡고 숨을 거두셨다. 영숙은 엄마에게 묻고 있었다. 엄마~ 또다시 새 인생을 준다면 팔 남매를 낳을 거야?

나그네 인생

나이가 들어 인생의 종점이 가까워짐을 느끼는 노인들이 그저 막연히 살고 있다. 병원이나 약방에 가는 것이 일과의 전부처럼 되어도 꾸준히 좋은 음식과 약을 먹어서 건강을 유지하려고 애쓴다. 내가 할 수 있는 일을 찾아 사회 공동체를 위해 활동하거나 도움이 필요한 사람을 위해 봉사하려는 마음을 가진 사람들은 많아 보이지 않는다. 그저 오래 살고 보겠다는 목적으로 아무런 생각 없이 보람 없는 하루하루를 보내고 있다.

그것이 그들에게는 삶을 엔조이 하는 것이라고 느낀다. 건강하게 사는 것만으로도 다행이고 복이라 생각한다. 그러나 인생의 노년기에 접어든 사람들은 비록 생산적이거나 창조적인 일은 하기 어렵더라도 "나는 누구인가? 어떻게 살아왔는가? 어디서 왔다 어디로 가는가?"를 생각해 보며 죽음을 준비했으면 좋겠다. 인생이란 사람이 태어나서 죽을 때까지의 삶을 말하는데 내세를 믿는 종교계에서는 "인생은 잠시 살다 가는 나그네"라고 말한다.

톨스토이의 참회록에 나오는 우화의 주인공 나그네는 그를 잡아먹으려는 사자를 피해 마른 우물 속에 뛰어들어 조그마한 나뭇가지에 매달렸다. 정신을 차리려 살펴보니 들쥐들이 나뭇가지를 쏠고 있었고 우물 바닥에는 커다란 뱀이 입을 벌리고 있었다. 우물 안팎이 자기를 먹잇감으로 기다리는 적으로 둘러싸여 있으니 머지않아 생명을 잃게 되리라는 것을 알았다. 그 순간에도 나그네는 나뭇잎 끝에 흐르고 있는 몇 방울의 꿀을 발견하고 이것을 핥아먹기에 바빴다. 나그네는 하느님께 감사나 살려 달라는 청원의 기도를 드릴 생각도 없었고 기적이 일어나기를 바라지도 않았다. 톨스토이는 "우리 인간이 사는 것이 꼭 이 모양이다."라고 비유했다.

나그네 인생이 산다는 것은 참으로 기막힌 운명에 처한 것이다. 이 기막힌 사연이 우리 인생의 현주소다. 톨스토이는 우리 인생을 향해 이렇게 도전하고 있다. 우리는 과거와 현재 그리고 미래의 연장선에서 살고 있으며 과거는 돌아갈 수 없고 미래는 아직 오지 않았으나 나의 미래는 먼저 간 사람들을 보면 죽음이 있다는 것이 분명하다. 그렇다면 현재의 시점에서 나는 미래를 위해 무엇을 해야 할 것인가를 생각하고 실천해야 할 것이다. 이것이 바로 내가 이 책의 서두에 말한 것을 의미한다. 죽음이 보이는 현재의 시점에서도 삶을 연장하려고 노력하는 것은 나뭇잎의 꿀을 핥고 있는 나그네와 무엇이 다르겠는가?

나그네가 우물 밖으로 나갈 수 없음은 과거로 돌아갈 수 없음이고 우물 밑으로 떨어지는 것은 면할 수 없는 미래가 전개될 현실이다. 다만 죽음이 기다리고 있을 뿐이다. 이것이 인생이다. 시작이 있으면 끝이 있는 것처럼 인생도 시작과 끝이 있으니 바로 출생과 죽음이 그것이다. 불확실한 미래에 사는 나그네 인생은 언젠가는 종말인 죽음이 있음을 알면서도 현실의 만족을 위해 집착하고 있다. 나그네 인생은 처음부터 소유욕을 가지고 가진 자가 되기 위해 태어났고 인생 초기의 삶은 소유를 위한 준비단계이고 중년의 삶은 내가 가지려는 생각을 실천에 옮기는 단계며 인생 말년은 가진 것을 정리하는 단계이다. 노년의 인생은 가진 것을 정리하는 것으로 끝낼 것이 아니라 보람 있게 베푸는 삶으로 마무리했으면 좋겠다. 법정 스님의 무소유는 노년의 인생에 좋은 교훈이 되고 있다.

좋은 인간관계

우리 인생의 삶을 인도해 주는 여러 가지 요소 중에서 중요한 것이 인간관계다. 내가 살아가면서 가장 믿고 따를 수 있는 사람이 다섯 명만 있다면 성공한 삶을 이룰 수 있다고 했다. 내가 아닌 이 다섯 사람이 나의 인생을 결정한다고 했다. 미국의 심리학자 데이비드 맥크릴랜드는 통상적으로 나와 함께 하는 사람이 나의 성공과 실패의 95%까지 결정짓는다고 지적했다.

부자들의 공통된 습관 중 가장 중요하면서도 가장 간과되는 것이 부자들이 가치 있는 인간관계를 맺는데 많은 공을 기울인다는 점이라고 한다. 우리는 가장 많은 시간을 함께 보내는 다섯 사람의 평균이라고 한다. 즉 우리의 수준은 가장 많이 어울리고 관계를 맺고 있는 사람들의 수준을 벗어나기 어렵다는 의미다. 이 다섯 사람 중 세 사람은 배울 점이 많은 탁월한 사람이어야 인생이 상승 견인될 수 있다. 당신과 좋은 인간관계를 맺고 있는 다섯 사람의 평균치를 올려주기 때문이다.

어리석은 사람은 좋은 인연을 만나도 좋은 인간관계를 만들

기회임을 알지 못하고 보통 사람은 좋은 인연인 줄은 알아도 그것을 살려 좋은 인간관계를 형성하지 못하지만 현명한 사람은 소매 끝만 스친 인연도 살려 좋은 인간관계로 발전시킨다. 어떤 사람을 만나고, 어떤 사람을 롤 모델로 삼고, 어떤 배움을 얻느냐에 따라 인생은 전혀 달라진다. 인간의 창조적인 성공은 탁월한 두뇌와 재능이 아니라 깊고 균형 잡힌 인간관계의 결과라고 말한다. 이것이 인간관계 형성의 상대를 잘 만나고 잘 선택해야 하는 이유다.

좋은 옷을 만들 수 있는 비단과 청소에 필요한 걸레를 비교해 보자. 비단은 비싸고 귀하지만 모든 사람에게 반드시 필요한 물건이 아니다. 그러나 청소도구인 걸레는 모든 사람에게 반드시 필요한 물건이다. 여기서 내가 누구와 좋은 관계를 설정해야 할지를 잘 선택해야 하는 이유를 찾을 수 있다. 예를 들어 우리가 잘 아는 위대한 화가 빈센트 반 고흐와 파블로 피카소의 삶을 비교해 보자. 이 둘 중 누가 더 뛰어난 예술가인지를 판단하기는 힘들다. 하지만 누가 더 행복하고 성공적인 삶을 살았는지는 명백해 보인다.

사람들은 서로 우연히 만나 관심을 가지면 인연이 되고 공을 들이면 필연이 된다. 만나면 관심이 생기고 만나면 마음의 문이 열리고 만나야 친밀감이 생긴다. 서로 좋은 사람으로 만나 착한 사람으로 헤어져 그리운 사람으로 남아야 한다. 사람은 만나봐야 그 사람을 알고 사랑은 나눠봐야 그 사랑의 진실을 알 수 있다고 했다. 꽉 쥐고 있어야 내 것이 되는 것은 진짜 인연이 아니다. 잠깐 놓았는데도 내 곁에 머무는 사람이 진짜 내 사람이고 나의 친구다. 외로움은 누군가가 채워줄 수 있지만 그리움은 그 사람이 아니면 채울 수가 없다고 했다. 정말 소중한 사람이라면 늘 배려해 주고 따뜻하게 대해주면 시간의 흐름 속에 잊히지 않는 소중한 인간관계로 남을 것이다.

다시 고흐와 피카소의 삶을 비교해 보자. 고흐는 생전에 단 한 점의 그림도 팔지 못해 찢어지는 가난 속에서 좌절을 거듭하다 37세의 젊은 나이에 자살하고 말았다. 그러나 피카소는 살아생전 20세기 최고의 화가로 대접받으며 부유와 풍요 속에 90세가 넘도록 살았다. 도대체 무엇이 이 두 화가의 인생을 갈라놓았을까? 수많은 원인이 있을 수 있겠지만 많은 사회학자, 심리학자 그리고 경영학자들은 두 화가의 인간관계의 차이를 중요한 요소로 꼽았다.

고흐는 사후에 피카소를 능가할 만큼 크게 이름을 떨친 화가다. 그가 남겨 놓은 걸작들이 피카소의 그림보다 더 높은 고가에 팔리고 있기 때문이다. 그러나 이 현실의 주인공에게 죽고 난 뒤의 성공이 살아생전의 성공과 같을 수가 있으랴! 고흐와 함께한 다섯 사람의 원만한 친구가 있었더라면 훌륭한 화가의 죽기 전 삶이 달라졌을 것으로 생각되게 만든다.

우리들의 삶에 성공도 실패도 맛보아야 할 적절한 시기가 있다. 젊을 때의 실패는 성공의 어머니라 부른다. 어느 정도 나이가 들면 늦기 전에 삶을 성공으로 마무리 지어야 할 때이다. 괴테는 "인생 말년에 행복하기를 원하는가? 그렇다면 재(財)테크

보다 우(友)테크를 잘하라!"라고 했다. 모든 사물에는 구성요소가 있지만, 시간과 공간은 구성요소가 없다.

우리의 삶에 있어 시기와 시간에는 세 가지 성질이 있다고 한다. "같은 시간에는 두 가지 일을 못 하는 단일성이 있고, 한번 지나가면 다시 돌아오지 않는 순간성이 있으며, 오늘이 나의 생일이라면 다음 해에 또 나의 생일이 돌아오는 연일성이 있다."라고 한다. 생전의 성공과 사후의 성공에 차이가 있는 이유를 찾아볼 수 있다. 사후의 성공도 역사에 기록될 수 있겠지만 그 성공의 장본인은 모른다.

남편과 아내

가족의 구성요소를 보면 부모와 자식 남편과 아내가 함께 이루는 공동체이다. 이 중에 부모와 자식, 조부모와 손주까지도 혈연으로 맺어진다. 성도 같고 성격마저 비슷한 피와 살이 섞인 연관 관계가 있는 사이다. 그러나 부부인 아내와 남편은 다르다. 집안도 성도 다르고 성격도 배경도 다르고 상호 연관성이 없는 두 사람이 함께 사는 것이 부부다. 부모와 자식은 관계가 나빠져도 인연을 끊을 수 없지만, 부부는 오랜 세월 미운 정 고운 정이 들었어도 서로 싫으면 해어지기도 한다. 해어지고 나면 남남으로 전남편 또는 전처로 부른다. 그러다 재혼을 하게 되면 좀 더 묘한 관계가 되기도 한다. 그러나 전자식 또는 전 부모라는 말은 없다. 그러면 가족 공동체의 일원으로 사는 아내와 남편의 관계는 어떠한 것일까?

농담 같은 말로 남편은 아내를 "아"직도 "내" 마음 몰라주는 여인이다. 연애할 때나 적어도 결혼 초까지는 그렇다. 살면 살아갈수록 "아"직은 "내" 거가 아닌 것으로 보인다고 했다. 아내는 남편을 “남”의 “편”이라 믿고 있다. 사랑할 때는 의심할 수 없을 정도로 분명한 내 편이었지만 살다 보니 자꾸만 “남”의 “편”이 되어가는 것에 슬프고 화가 났다. 가(可)는 없고 부(否)만 있는 부부(否否) 관계인 것 같다. 그러면서도 애증의 관계인 아내와 남편은 가족으로 함께 잘 살아가고 있다. 그러다 내 거가 아니고 내 편이 아니라는 것이 확인되는 날에는 서로 헤어진다.

함께 사는 동안은 아내는 남편의 가슴에 안겨 있으면 한없이 포근한 자리고 말이 많으면 귀를 막고 계속 옆에 있으면 보기 싫지만 보이지 않으면 보고 싶은 게 남편이라 했다. 아내가 라면을 절반 먹다 남기면 아깝다고 다 먹어 버리는 게 남편이고 쇼핑하러 가면 한 손에 물건을 가득 들고 다른 한 손으로 아내의 손을 잡고 있는 것이 남편이다. 아내가 몹쓸 병에 걸리면 아내보다 더 가슴 아파하며 고생하는 게 남편이고 한번 싸움하면 모른 척 못 이기는 척 먼저 다가와서 손을 잡는 게 남편이라고 했다. 아내가 전화를 못 받으면 받을 수 있을 때까지 다시 해주고 아내 몰래 수많은 좋은 일을 하고서도 종래 티 내지 않으며 가끔은 리모컨 뺏어가지만 결국은 아내가 좋아하는 드라마를 함께 봐주는 사람이 남편이라고 했다.

그러면 남편이 생각하는 아내란 사람은 어떤 사람일까? 아내란 남편을 사랑하기 위해 만사를 제쳐두고 당신 곁에서만 늙어가는 천사 같은 사람이다. 그러나 아내는 남편이 다른 여자를 보지도 말하지도 칭찬하지도 못하게 하는 속 좁은 여자랍니다. 아내는 가끔 남편이 보내온 닭살 문자를 꺼내 들고 보면서 입꼬리가 올라가는 어린 소녀입니다. 아내란 평생 비싼 걸 사고 싶다고 조르다가 정작 사주려고 하면 거절하는 변덕스러운 여자다. 그리고 아내는 남편이 곁에 없을 땐 목이 빠지라 그리워하는 해바라기 같은 여자이지요.

그러다가 아내는 남편이 눈여겨봤던 운동화를 "그냥 오다 샀어" 하고 무심하게 던져주는 속 깊은 여인이다. 그러나 사고 싶어 하는 예쁜 옷을 보다가도 돈을 아끼려고 나 요즘 다이어트 중이라 이 옷은 맞지 않는다고 거짓말하는 사람이 아내이다. 집에서는 남편이 조금만 잘못해도 욕을 하면서 남이 남편을 욕하면 큰일이 나는 아내다. 끝으로 아내는 강하고 자존심도 세지만 남편 앞에선 영원히 18세 소녀입니다.

내 마음 나도 몰라라 하지만 이것이 남편의 마음이고 아내의 심정임을 알면 좋겠다. 이상적인 아내와 남편 관계는 서로를 바라보고 주고받으며 사랑하고 하나 되는 관계, 서로 달래주고 채워주며 덮어주고 감싸주는 관계, 서로 보살피고 도와주며 위로와 격려하는 관계, 서로를 용서하고 인정하며 존중하는 관계를 유지하면 서로 닮아가고 기뻐하고 이해하고 신뢰하는 사이가 된다. 아내와 남편이 모두 행복하려면 서로 부족한 것을 채워주고 감사하고 배려하고 용기를 북돋아 주며 상의해서 살아가면 행복한 부부가 된다.

부부의 눈은 서로의 허물을 보지 말고 입은 말로서 실수하고 상처 주는 것을 조심해야 한다. 두 사람이 동시에 화를 내고 큰소리로 싸우지 않는 것이 좋다. 갈등이 있어도 단념하지 말고 서로의 아픈 곳을 긁지 않아야 한다. 숨기지 말고 정직하라! 그리고 화를 참고 침상에 들지 말아야 한다. 아내와 남편은 서로 다른 사람과 비교하지 말아라. 초심을 잊지 말고 처음 사랑을 잃지 말아라. 부부는 하느님의 섭리로 이루어진 것이다.

남편은 결혼 전과 신혼 초에 보였던 관심과 사랑을 유지하도록 애써야 한다. 아내의 외모나 옷차림에 관심을 가지고 아내가 한 일들에 감사하라. 모든 일을 아내와 상의하고 결정하면 가정의 평화를 가져다준다. 의견 차이가 있을 때는 아내에게 한 걸음 양보하고 상처를 주는 말이나 행동을 조심해야 한다. 행복한 가정은 혼자 이룰 수 있는 것이 아니다.

아내는 자신과 가정을 행복하고 아름답게 꾸밀 줄 아는 재치와 근면성을 길러야 한다. 혼자서만 말하지 말고 남편에게도 말할 기회를 주되 남편도 혼자의 휴식이 필요하다는 것을 알아야 한다. 모든 일에 참을성을 가지고 행동하고 다른 사람들 앞에서 남편의 결점을 말하거나 지나친 자랑도 하지 말 것이다. 사랑은 일방통행이 아니고 서로 주고받는 것이다.

부부는 비록 남남이지만 노년에 이르기까지 동행하며 행복을 나눌 수 있는 것은 아내는 남편, 남편은 아내밖에 없다는 것이다. 가수 임영웅이 구성지게 부르는 어느 60대 노부부의 이야기란 노래를 들어보았는가? 부부가 함께 이룬 가정과 행복한 추억들이 당신을 울컥하게 할 것이다. 부모와 자식도 중요하지만, 부부란 정말 애틋한 사이라는 것을 알 수 있다. 특히나 늙어선 젊었을 때 느끼지 못한 절실한 사랑이 부부 사이에 있음을 알게 된다.

진실하게 맺어진 부부는 힘들게 살아온 젊음이 불행하게 느껴지지 않는다. 왜냐하면, 함께 성숙하여가는 과정이 나이 먹어가는 세월을 잊게 해주기 때문이다. 행복한 부부는 젊어 보인다. 아내와 남편으로 만나 부부가 되고 좋은 가정을 이루는 것은 인연이자 운명이지만 관계는 노력이다. 금과 은은 불속에서 정련되어야 빛이 난다. 부부 사이의 행복은 서로 꽃나무 가꾸듯 가꾸어야 아름답게 피어난다. 아직도 내 마음 모르는 아내가 아니고 남의 편이 아닌 내 편인 남편은 행복한 부부다.

끝으로 "남편나무"라는 노래에는 이런 내용이 있다. 이 노래는 독일 가수 헬레네 피셔가 부른 노래의 원곡 "사랑의 힘(The Power of Love)"인데 코끝을 찡하게 하는 가사입니다.

항상 내 옆에 있는 남편나무는 바람도 막아주고, 그늘도 만들어주니 언제나 함께하고 싶고 사랑스러웠다. 그런데 언젠가부터 나는 그 나무가 싫어지기 시작했다. 때로는 귀찮고 날 힘들게 하는 나무가 밉기까지 했다. 그러더니 어느 날부터 나무는 시름시름 시들기 시작했고, 죽어가던 나무는 거센 비바람에 그만 쓰러지고 말았다. 그다음 날 뜨거운 태양 아래서 나무가 없어도 충분히 살 수 있다고 여겼던 내 생각이 틀렸다는 것을 알기까지는 그리 오랜 시간이 걸리지 않았다. 그때야 나는 깨달았다. 내가 사랑을 주지 않으니 쓰러져 버린 남편나무가 얼마나 소중한지를. 내가 나무를 대수롭지 않게 생각하는 사이에 나무는 나에게 너무나 소중한 그늘이 되었다는 것을….

이미 늦은 감이 있지만, 이제는 쓰러진 나무를 일으켜 다시금 사랑해 줘야겠다고 생각했다. 서로가 서로에게 너무나 필요한 존재임을 다시 알게 되었다. 그리고 말했다. “남편나무님! 죄송합니다. 사랑합니다.”

여러분들의 남편나무는 혹시 잎이 마르거나 시들진 않는지요? 남편이란 나무와 아내라는 꽃은 사 랑이란 거름을 먹고 삽니다. 남편나무 / 아내꽃, 이것이 부부입니다. 늦기 전에 사랑하세요.

미백의 여유

미백의 여유란 삶의 노년에 접어들면서 지난날들을 되돌아보며 얼마 남지 않은 앞날을 보람 있고 행복하게 살아갈 수 있게 생각하고 설계하는 시간을 가진다는 뜻이다. 지난날들을 살펴보면서 나이가 든 오늘에는 내가 어떤 생각을 가지고 무엇을 하며 어떻게 살고 있는지를 관찰한다. 나이가 들면 아는 것이 많아지는 것이 아니라 오히려 알고 싶은 것도 없어지고 나이가 들면 무엇이나 다 이해하고 용서할 줄 알았는데 이해하려 애써 지도 않고 더 옹졸해진다. 나이가 들면 그냥 어른이 되는 줄 알았는데 어른이 되기보다 더 어린애가 되는 것 같았다. 그러니 품위 있는 노인이 되려면 생각의 여유를 가지고 노력하는 것이다.

나이가 들면 편해지는 것이 아니라 더 많이 해야 할 일이 많아진다는 것이 불편하기도 하지만 한편으론 고맙게 여겨졌다. 인생의 깨우침을 위해서는 배움의 길을 놓지 않고 죽는 날까지 노력하라는 말로 들린다. 독실한 천주교 집안인 내 처가 쪽 친인척 가운덴 신부와 수녀가 유난히 많다. 그냥 어릴 때부터 신학교

생활을 거쳐 신부가 된 사람도 있고 미스 코리아가 되고도 남을 미인이 수녀원에 들어간 사람도 있었다. 결혼만 하지 않았지 산전수전 다 겪고 사회생활을 하다 나이 40에 가까워 수도원 신부가 된 사람도 있었다. 이 중에서도 한 수도원 신부의 삶이 나에게 감명을 주고 있었다.

수도원에 들어가려면 정주(定住-수도원에서 평생을 산다), 정진(正眞-수도승다운 생활), 순명(順命-하느님과 이웃에 순종)의 세 가지 서원을 해야 한다. 그들은 새벽에 일어나 잠자리에 들 때까지 기도와 노동을 평생 반복하다가 생을 마친다. "아프레 쓸라(Apres cela) 즉 그다음은, 그다음은"을 반복해서 물으며 살아가신다. 나 같은 사람에게는 도대체 이런 삶이 얼마나 초라하고 지루하지 않았을까 생각되었다. 하지만 그 수사 신부는 2000여 거루 사과 밭농사를 통해 끊임없이 삶의 한계를 깨닫게 하는 겸손을 배웠고 세상의 온갖 소유에 얽매이지 않고 자유로워지는 무소유와 이탈의 진리를 수련했다고 한다.

행복은 이렇듯 쌓아가는 것이 아니라 삶의 군더더기가 무엇인지를 알고 날마다 털어버리는 모습에서 가능하다는 것은 그가 50년 수도 생활을 통해 터득한 깨달음이 있었기에 전 재산이라고는 낡은 라디오 하나였음에도 자신은 행복한 삶을 살 수 있었다고 고백한 것이다. 명문대를 나와 철학박사 학위를 받고 30세의 젊은 나이에 모교에서 교수 생활을 한 그였기에 수사 신부가 된 이후에도 다시 교수직 제안이 꾸준히 있었고 수도원장님의 승인까지 받았으나 그는 끝내 수도원에서 92세의 삶을 마감했다. 어쩌다 100세 시대에 사는 우리에게 장수란 복이 아니라 짐으로 여겨지는 요즘 그 수사 신부는 삶을 왜 그리도 단순화시켜야 하는지 그리고 왜 겸손과 무소유의 훈련이 나이 들면서 얼마나 중요한지를 가르쳐 주었다.

어느 순간부터 식사도 많이 못 하고 친구를 만나러 나가는 외출도 줄어들고 밤잠을 설칠 때가 많아지면서 또 누가 죽었다는 소식을 들으면 더 이상 남의 일 같지 않으니 나도 늙었음을 절감케 된다. 아무리 나이가 들어도 변할 것 같지 않았던 내가 자신도 모르게 이렇게 바뀌고 있는 것들을 통해 마지막 순간을 생각해보지 않을 수 없다. 나는 이제야 창문 밖에 나뭇잎이 가려있으면 하늘과 별을 볼 수 없듯이 삶의 욕망과 아쉬움의 잎사귀를 떨쳐 낸 겨울을 앞둔 나무만이 하늘과 별을 볼 수 있다는 것을 저절로 알아가기 시작한 것이다. 인생은 더불어 살고 함께 가는 것이었는데 아직도 내 편견이 자꾸만 이웃과 함께함을 멀어지게 만들어 나이가 들수록 미련하게도 더 외롭게 살아가고 있는지 모르겠다.

한평생 삶도 중요하지만, 인생은 끝이 좋아야 유종의 미를 거두고 떠날 준비를 해야 한다는 심연의 소리를 더 이상 외면할 수 없기에 저절로 겸손해지는 모양이다. 나이 들어서는 젊었을 때 생각지도 못했고 할 수도 없었던 일들이 있음을 알게 되었다. 짙은 향기보다는 은은한 향기가, 우렁찬 폭포수보다는 잔잔한 호수가, 화통함보다는 그윽함이, 뚜렷함보다는 아련함이, 살가움보다는 무던함이 더 친숙하게 다가온다. 젊었을 때 약한 사람은 현실에 적응하지 못하고 극복되어야 할 모습으로 보였지만 늙어서 약해짐은 오히려 나답게 살게 할 은총임을 알면서 미소 짓게 된다. 진정으로 자신의 약함을 아는 자는 약자를 이해하고 약자의 편에서 도울 수 있는 길을 찾으며 무엇보다도 은혜와 긍휼을 구하는 사람이 되어 죽은 뒤에도 무슨 말을 들을지 조금씩 답을 찾아가면서 미백의 여유를 얻을 수 있었다.

이 가을의 마지막이 가기 전에

나는 그의 매년 고국을 방문하여 친척과 친구들을 만났다. 그러나 지난 5년간은 팬데믹과 집안의 우환이 겹쳐 고향을 찾지 못했다. 그러다 이제 나이도 80대 중반을 넘어서니 큰마음 먹고 마지막이라 생각하며 고향을 찾았다. 특히나 고국의 단풍을 볼 수 있는 가을 여행은 오랜만이다. 그래서 이 가을에는 많은 것들을 하고 싶어진다.

지금도 청춘처럼 살아가려는 나에게는 특별한 삶의 과정이 있었다. 많은 사람이 청소년 시절에는 멋진 이상의 꿈과 희망을 위해, 20대는 좋은 직장과 보금자리를 위해, 30대는 신혼생활의 달콤함에 빠지고, 4~50대는 자식들을 위해서 나름대로 가슴속의 포부와 희망이 있었기에 열정을 다해 살아가고 있다. 나에게도 이와 비슷한 아주 평범한 삶의 이유와 목적이 있었다. 그러나 여유 곡절의 과정이 있었기에 지난날들이 더 아름답게 보이고 나름대로 성공이 더 빛나 보였다. 때론 삶의 진가를 모르고 그저 목숨이 붙어 있기에 세월의 코걸이에 끌려 살아가는 사람도 더러 있을 것이다. 뚜렷한 꿈과 희망을 품고 적극적이고 열정적인 마음과 더불어 목표를 향해 힘차게 걸어가는 한 인간은 언제나 청춘처럼 살아갈 것이다. 지난날을 돌이켜보는 사색에 잠기며 친구 네 명과 함께 지리산 노고단에 올랐다.

노랗고 붉게 물던 단풍이 아름다웠다. 머지않아 나무에서 떨어질 단풍잎들이 내 나이와 비슷해 보였다. 단풍잎들도 나를 보고 사뿐사뿐 몸을 흔들며 미소 짓고 있었다. 떨어지지 않게 크게 흔들리지 않는 동작이 내가 조심하며 움직이는 것과 너무도 비슷했다. 그뿐만 아니라 욕심으로 가득 찬 큰 웃음이 아니라 진정 사랑하는 사람들과 함께 미소 지었다. 큰소리칠 필요 없이 함께 할 수 있는 친구들을 위해 이 가을에는 따뜻한 가슴을 열게 해주소서 라고 혼자 마음속으로 중얼거렸다. 삶이라는 무거운 짐으로 우리 여린 가슴을 짓눌러 별처럼 많은 시간을 힘들어하며 고통과 번민 속에 지내지 않도록 가슴을 비우게 해달라고 말했다. 그리고 이 가을에는 아름다운 추억과 그리움을 지니고 가게 해주소서.

앞으로 그리 많이 남지 않은 살아갈 순간에 때로는 지치고 힘들어 누군가의 어깨가 필요하면 보이지 않는 따스함으로 다가와 어깨를 감싸 안아 줄 수 있는 그리움과 추억을 남겨 주소서. 또한, 이 가을에는 많은 사람과 말 없는 사랑을 나누게 하소서. 사랑이라는 말을 하지 않아도 서로의 눈빛만으로도 간절한 사랑을 알아주고 보듬어주며 부족함마저도 메꾸어줄 수 있는 겸손하고도 진정한 사랑을 할 수 있게 도와주소서. 마지막으로 이

가을에는 정말로 넉넉하게 비워서 따뜻해지는 가슴 하나 가득 채울 수 있는 환한 미소로 살며시 찾아가는 사랑이 되게 하소서 라며 노고단을 내려왔다.

만물이 결실을 보는 가을이 좋았다. 넓은 마음으로 모두를 품어 안고 사랑할 수 있는 잔잔한 마음이었으면 좋겠다. 넉넉한 마음으로 모두를 대할 수 있는 가을처럼 풍요로운 마음이었으면 더 좋겠다. 언제나 찾아오는 가을이지만 그 소중함을 다시 한번 느끼게 하고 그 가을처럼 내 이웃 사람들을 사랑으로 품을 수 있으면 좋겠다. 어쩌면 내 생에 마지막으로 보게 될지도 모르는 고국의 단풍은 너무 아름다웠다.

4

"그래도"에 다녀와서 | 144

노란 손수건 | 149

짧은 3초의 비밀 | 155

길이 멀어도 찾아갈 벗이 있다면 | 160

몇 번을 더 만날 수 있을까? | 164

나에게 세상을 보는 눈을 준 사람 | 168

감사할 줄 아는 사람 | 173

행복한 시간 | 177

인간의 삶에 일어나는 전쟁들 | 180

"그래도"에 다녀와서

몇 년 동안 소식이 없었던 친구를 오랜만에 만났다. 서로 안부를 물으며 커피숍에 들렀다. 친구는 그동안 복잡한 일들이 많았고 최근에는 "그래도"에서 한 달을 머물다 왔다고 했다. 나는 처음 듣는 섬이라 "그래도"가 어디 있느냐고 물었다. 친구는 아주 가깝고도 멀리 있는 힐링의 섬이라고 아리송한 대답을 했다. 이 친구는 3선 국회의원으로 명문가의 명문대 출신이다. 그런 그의 집안에 가수가 되겠다는 아들이 나왔다. 명문 대학을 가고도 남을 여건인데 가수가 되겠다니 온 집안이 뒤집혔다. 그것도 음대를 가서 성악가나 아니면 피아노나 바이올린 연주자가 되겠다는 것도 아니었다. 뮤지컬 배우도 아닌 트로트 가수의 길로 들어서겠다니 기가 막혔다.

결국, 부모와 자식의 인연을 끊다시피 아들은 집을 나갔다. 아들은 예술대학에 입학하여 장학금을 받고 알바로 부족한 학비와 생활비를 보충한다는 소식을 간접으로 듣고는 있었다. 부모로서 마음이 편할 리가 없었다. 엄마가 나 몰래 돈을 주고 도움을 주는 것을 알고도 모르는 척할 수밖에 없었다. 아내가 울고 있는 날은 아들을 만나고 왔음을 나는 알고 있었지만 아무 말도 하지 않았다. 한 학년도 못 하고 집에 들어오기를 기다리며 세월만 흘렀다. 그러다 부모의 도움 없이 알바를 해가며 열심히 공부하는 아들이 차츰 기특해 보이기 시작했다. 아들이 2학년에 올라갈 무렵 나는 아내와 함께 "그래도"에 다녀왔다고 했다. 그러면서 그는 그래도는 우리 마음속에만 있는 이어도만큼 신비한 섬이라고 말했다. 나에게는 아직도 메시지 전달이 잘되지 않고 있었다.

그래도는 미칠 듯 괴로울 때, 한없이 슬플 때, 증오와 좌절이 온몸을 휘감을 때, 비로소 마음 한구석에서 빛을 내며 나타나는 섬, 그것이 바로 "그래도"이란다. "그래도" 섬 곳곳에는 "그래도 너는 멋진 사람이야, 그래도 너를 사랑하는 사람들이 있잖아, 그래도 너는 건강하잖니, 그래도 너에겐 가족과 친구들이 있잖아, 그래도 세상은 아직 살 만하단다."라는 위안과 격려를 해주는 팔늘이 나붙어 나를 위로해 주고 있었다. "그래도"는 자신을 다시 돌아볼 수 있게 하는 용서와 위로의 섬이다. 친구는 너는 아직 "그래도"에 가 볼 이유가 없었지 하며 씁쓸한 미소를 지었다. "그래도"에 아직 다녀오지 않았고 "그래도"라는 섬이 있는지조차 모르셨다면 당신은 행복한 사람이라고 말했다.

"세상을 살면서 무거운 짐 한번 안 지고 가는 사람이 있을까요? 세상 풍파에 치이면서 눈물 한번 안 흘린 사람이 있을까요? 아무리 건강해도 몸 한군데 안 아파본 사람이 있을까요? 지금 마음속에 가지고 있는 무거운 짐이 있다면, 지금 마음속에 한없이 울고 있는 눈물이 있다면 그리고 지금 내 몸을 괴롭히는 불치의 병이 있다면 '그래도'에 다녀오세요. 세상을 바라보는 눈이 바뀌고 세상을 느끼는 마음이 바뀌고 세상이 사랑과 긍정으로 바뀔 것입니다. '그래도'에 다녀오면 나만이 불행한 사람으로 느껴지지 않을 것입니다. '그래도'에 다녀오면 이 세상에 나 홀로가 아니라는 것을 알게 될 것입니다."

자식 이기는 부모 없다고 했는데 자식의 의지를 꺾고 의사를 존중하지 못하고 자식을 내쫓아 자식에게 이긴 줄 알았던 부모의 마음이 왜 이렇게 아픈지 모르겠다고 친구는 말했다. 자식 이긴 부모의 죗값을 톡톡히 치르고 있다며 가슴 아파했다. "그래도"에 가서 반성하고 많은 위안을 받고 왔지만, 아직도 마음 한 구석이 편치 않았다. 오늘은 아들이 대학을 졸업하는 날이다. 대학 졸업식에 초대받지도 못했지만 가 보지도 않았다. 아들은 예술대학을 수석으로 졸업하고 가수 오디션에 당선도 되어 이미 유명한 가수의 반열에 오르고 있었다.

지난해 어버이날에 부모님들을 위한 콘서트에 모시는 초대장을 받았다. 아들이 보낸 초대장이었다. 그리고 초대장과 함께 메모지에 "오늘 행사에 하이라이트로 가수들이 부모님을 모시고 무대에서 함께 노래를 부르는데 아버지 어머님과 함께 이 자리에 서고 싶으니 꼭 참석해 달라"고 적혀있었다. 가수 장윤정이 사회를 보고 설운도, 남진, 진성, 김용임, 하춘화 등 유명가수가 노래를 부르며 부모님께 감사하는 인사를 보냈다. 신인 가수 임

영웅, 송가인도 보였다.

내 아들이 신곡을 발표하고 객석에 있는 우리를 불러 세우신 다음 "저의 아버지 어머님이십니다."라고 소개하며 양손을 머리 위로 하트 모양을 만들어 보이고 "아버지 어머니 감사하고 사랑합니다."라는 인사를 보냈다. 아내는 눈물을 흘렸고 나도 터질 것 같은 울음을 간신히 참았다. 가수 임영웅이 부른 "어느 60대 노부부의 이야기" 노래는 어버이날을 맞아 이 자리에 나온 모든 아버지 어머니들을 숙연케 했다. 콘서트 마지막에 무대에서 가수들과 그들의 부모들이 한 쌍이 되어 "어버이 은혜"를 합창할 때 나는 목이 메 노래를 부를 수 없었다. 아니, 아들 얼굴을 바로 쳐다볼 수 없었다. 아내는 눈물이 앞을 가려 아들의 손만 꼭 잡고 있었다.

콘서트가 끝난 후 고급 식당에서 아들이 사주는 저녁 식사 대접을 받았다. 아들은 "아버지 어머니 오늘 이렇게 와 주셔서 감사합니다."라는 인사와 함께 집을 나간 후 처음으로 의사 형님, 교수 누나, 판사 형님의 안부를 물었다. 아버지 뒤를 이어 정치를 하겠다는 사람은 아직 없느냐고 물었다. 와인잔을 들어 건배하면서 아들이 "아버지 어머니 사랑합니다."라고 할 때 아내는 또 한 번 울었다. 지금까지 다른 아들딸들과 함께 이렇게 좋은 시간을 보내본 적이 없는 감정을 다스리느라 애쓰고 계셨다.

아들은 10여 년 전에 집을 나간 후 한 번도 옛날 살던 집에 들른 적이 없다. 한번 들리라고 부탁해도 "예" 하고 대답만 할 뿐 오지 않았다. 쫓겨나다시피 집을 나온 그날의 기억이 아직도 가슴을 아프게 하고 있는가 봐. 아버지가 원하시는 아들이 되지 못하고 내 갈 길을 가기 위해 고생하며 살아온 지난날의 서러움을 잊을 수가 없나 봐. 부모와 자식 사이에 맺힌 감정은 칼로 물 베기가 아닌가 봐. 상처를 받은 사람과 상처를 준 사람의 사고의 방식에 변화가 없기 때문인 것 같았다. 오는 길에 아들이 사는 집도 구경시켜 주었다. 이미 강남에 60평짜리 아파트를 마련하고 깨끗하게 꾸며놓고 살고 있었다. 나는 뜬금없이 결혼은 언제 할 것이냐고 물었다. 여자 친구도 있는지 물어보았다. 집으로 돌아오는 발걸음이 결코 가볍지만은 않았다.

오늘따라 나는 "그래도"에 다시 한번 다녀와야겠다고 마음먹었다. 이번에는 아들과 함께 "그래도"*를 갈 수 있었으면 좋겠다.

---

* "그래도"는 우리말의 비유적 접속사 성격의 부사다. 그리하여도의 준말 또는 그렇지만의 뜻을 담고 있다. 그래도를 영어로 찾아보았으나 적합한 용어가 보이지 않았다. 묘한 여운을 남기는 우리말의 우수성인가 보다. 세종대왕님께 감사드린다고 해야 할 것 같다.

노란 손수건

언제부터인지 우리나라에서도 애타게 기다리는 사람의 무사 귀환을 기다리거나 환영하면서 가슴에 노란 리본을 달고 노란 손수건을 흔드는 모습이 보였다. 천안함 사고나 세월호 참사 때가 그랬고 마을에서도 애달픈 사연을 지닌 특별한 사람의 귀환을 환영할 때 노란 손수건을 흔들었다. 1983년 대한항공 KE007편이 뉴욕에서 출발하여 서울로 오는 도중에 소련 전투기의 추격을 받고 추락하여 269명의 승객과 승무원 전원이 사망했을 때도 그랬다. 노란 리본이나 노란 손수건 뒤에는 항상 그리움과 슬픔이 있었다. 애타게 기다리고 보고 싶은 얼굴이 있었다. 영혼마저 끝내 돌아오지 못한 사연이 있었다.

내가 만난 한 중년의 어머니는 노란 리본을 지난 30여 년간 가슴에 달고 살았다고 했다. 첫돌도 보내지 못하고 하늘나라로 간 아들을 잊지 못해 내가 사는 마지막 날까지 이 노란 리본을 곱게 달고 있을 것이라 했다. 매일 같이 기도드리지만, 아직도 아들은 돌아오지 않았다. 내 아들이 언젠가는 내 품에 돌아와 하늘

나라로 함께 가는 날 가슴에 달린 노란 리본을 불태워 버릴 수 있을 때까지 간직할 것이라 했다.

어느 나라 어느 도시나 마찬가지로 뉴욕의 고속버스 터미널은 오늘도 떠나고 만나는 사람들로 분주하게 움직이고 있었다. 플로리다 마이애미 해변으로 가는 그레이하운드 고속버스가 출발을 준비하고 있었다. 뉴욕에서 마이애미까지는 무려 2800Km에 달하는 장거리 여행이다. 2800km는 서울에서 부산까지 불과 400여 km의 일곱 배에 해당하는 거리다. 우리 한국 사람에게는 상상이 잘 안된다. 미국은 하늘로부터 받은 복도 많고 크기도 한 나라로 생각하니 약간 질투가 났다. 버스는 가는 도중에 큰 도시 정류장에 잠깐씩 들려 승객을 태우고 내려준다. 버스 운전기사도 15분 정도 휴식을 취하고 어느 지점에서 기사도 교체되었다. 이렇게 가다 보면 뉴욕에서 마이애미까지는 24시간, 만 하루가 걸린다. 오늘 아침 9시에 뉴욕에서 출발한 버스는 내일 아침 9시에 도착한다.

마이애미로 가는 승객이 모두 자리에 앉자 버스는 정각에 출발했다. 생기발랄한 세 쌍의 남녀가 한 남자의 뒷자리 좌석에 자리를 잡았다. 그들은 여행의 기분에 들뜬 것인지 떠들고 웃고 있었다. 버스는 어느새 고속도로에 올라섰고 시간이 지나면서 승객들은 조용히 잠들 자거나 책을 읽고 있었다. 그들 앞자리에 앉은 남자는 수염이 덥수룩한 표정 없는 얼굴로 돌부처처럼 앞만 보고 있었다. 젊은이들은 평범해 보이지 않는 그 사내에게 관심이 갔다. 그는 누구일까? 배를 타던 선장 마도로스 아저씨일까?

아니면 고향으로 가는 퇴역 군인인가?

일행 중 한 여자가 궁금증을 참지 못해 용기를 내어 그 남자에게 말을 걸었다. 그에게는 뭔지 모를 우수의 그림자가 느껴졌다. "아저씨, 와인 한잔 드시겠어요?" "고맙소" 그는 엷은 미소로 인사를 하며 와인을 받아 한 모금 마셨다. 그리곤 다시 무거운 침묵, 여자는 일행 속으로 돌아가 앉았다. 남자는 애써 잠을 청하려는 듯 등을 뒤로 기댔다. 다음날 이른 아침에 버스는 휴게소에 멈추었고 어젯밤 말을 붙였던 여자는 그 남자와 함께 식사하자고 휴게소 식당으로 안내했다. 그는 수줍은 표정을 보이면서 자리를 함께했다. 식사 도중에도 그는 뭔가에 긴장한 듯 담배를 연신 피워 물었다.

이제 한 시간 정도만 더 가면 플로리다에 도착한다. 마이애미비치로 가는 손님들은 여기서 관광버스로 갈아탔다. 식사를 끝내고 관광버스에 올라탔고 젊은 여자는 일행과 함께 그의 옆자리에 앉아 또다시 말을 붙였다. 남자는 얼마 후 여자의 집요한 관심에 항복이라도 한 듯 굳게 닫혔던 입을 열고 자신의 이야기를 천천히 꺼내기 시작했다. 그가 가는 집은 이 버스가 정차하는 7번째 정류장 길목의 조그마한 마을에 있다고 했다.

그의 이름은 토니, 지난 4년 동안 뉴욕의 교도소에서 징역살이를 마치고 이제 석방되어 집으로 가는 길이라고 말했다. 교도소에 있는 동안 아내에게 꾸준히 편지를 보냈소. 나는 부끄러운 죄를 짓고 오랜 시간 집에 돌아갈 수 없으니 만약 나를 기다릴 수 없다고 생각되거나 혼자 사는 고생이 많다고 생각되거든 나를 잊어 달라고 했소. 답장 편지를 하지 않아도 좋다고 했소. 그 뒤로 아내는 나에게 편지를 보내지 않았소. 무려 3년 반 동안이나….

석방을 앞두고 아내에게 다시 편지를 썼소. 우리가 살던 마을 어귀에 커다란 참나무 한 그루가 있소. 나는 편지에 당신이 만약 나를 용서하고 다시 받아들이겠다면 그 참나무에 노란 손수건을 달아달라고 말했소. 만일 아내가 재혼했거나 나를 받아들일 생각이 없다면, 그래서 손수건을 달아놓지 않았으면 나는 그냥 버스를 타고 어디로든 가버릴 것이요. 그의 얼굴이 이렇게 굳어져 있는 것은 거의 4년간이나 소식이 끊긴 아내가 자기를 받아줄 것인가 하는 불안감 때문이었다.

이 이야기를 들은 여자는 물론이고 그녀의 일행들도 이제 잠시 뒤에 전개될 광경에 많이 궁금해하며 가슴을 조이게 되었다. 이 이야기는 버스에 탄 다른 승객들에게도 전해져 버스 안은 설렘과 긴장감으로 가득 차 있었다. 토니는 흥분하거나 창밖을 내다보지도 않았다. 하지만 그의 굳어진 얼굴에서 긴장감을 느낄 수 있었다. 마치 그는 이제 곧 눈앞에 나타날 실망의 순간을 대비하며 마음속으로 단단한 각오를 하고 있는 것으로 보였다.

마을과의 거리는 20마일, 15마일 그리고 10마일 점점 가까워지고 있을 때 토니는 앞으로 10분 정도만 지나면 자기 집이 있는 마을 앞 정류장이라고 했다. 물을 끼얹은 듯 버스 안은 정적이 감돌았다. 버스의 엔진 소리만이 꿈결에서처럼 아스라하게 일정한 리듬으로 고막을 두드리고 있었다. 승객들은 모두 창가로 몰려가 숨을 죽이고 기다렸다. 드디어 버스가 7번 정류장이 있는 마을을 향해 산모퉁이를 돌았다. 노란 손수건이 달린 가로수가 하나둘 길옆으로 보이기 시작했다. 토니는 창밖을 내다보지 못하고 눈을 감고 있었다. 바로 그때, "와~!!" 젊은이들의 함성이 일제히 터져 나왔다. 버스 승객들은 너 나 할 것 없이 자리를 박차고 일어나 소리쳤고 눈물을 흘리며 서로를 얼싸안았다. 토니도 아무 말 없이 창밖을 내다보기 시작했다.

동네 앞 참나무는 온통 노란 손수건으로 뒤덮여 있었다. 20개, 30개, 아니 수백 개의 노란 손수건이 물결치고 있었다. 그 나무 앞으로 "WELCOME HOME TONY"가 적힌 현수막이 보였다. 동네 사람들 모두가 나와 기다리고 있었다. 혹시라도 남편이 노란 손수건을 보지 못하고 그냥 지나칠까 봐…. 아내는 아이들과 함께 참나무를 노란 손수건으로 뒤덮어 장식해 놓은 것이다.

여전히 침묵을 지키고 있는 사람은 오직 토니 한 사람뿐…. 그는 넋 잃은 사람처럼 자리에 멍하니 앉아 차창 밖의 참나무를 눈물어지게 바라보고만 있었다. 이윽고 토니는 자리에서 일어났다. 그 늙은 전과자는 승객들의 환호와 박수를 받으며 버스 앞문을 향해 천천히 걸어 나갔다. 하얀 드레스에 꽃다발을 든 아내와 태어날 때 보지도 못한 아들이 한 손으론 엄마의 치마폭을 잡고 다른 한 손엔 노란 손수건을 흔들며 아빠를 맞이했다.

이 이야기는 Tony Orlando & Dawn 이란 가수가 만든 노래 "참나무에 노란 리본을 달아주세요"가 크게 히트하면서 모두가 기억하는 감동 스토리로 남게 되었다. 그 후에 1979년 이슬람

혁명군이 이란 주재 미국 대사관을 점령하고 미국인 50여 명의 인질 사건이 일어났을 때 한 외교관의 아내가 인질로 붙잡힌 남편의 무사한 귀국을 바라는 염원을 담아 노란 리본을 집 앞 나무에 매달은 소식이 언론을 통해 알려지면서 미국 전역에 인질들의 조기 무사 귀환을 기원하는 노란 리본 캠페인이 일어났다. 그 이후에도 노란 리본은 걸프전과 이라크전 등 전쟁터로 나간 군인들이 무사히 돌아오길 바란다는 상징으로 사용되고 있다.

이것이 유래가 되어 한국에서도 세계 방방곡곡에서도 애타게 기다리는 사람의 무사 귀환을 위해 가슴에 노란 리본을 달거나 동네 앞 나무에 노란 손수건을 매다는 행사를 볼 수 있게 되었다. 사랑과 축복을 기원하는 노란 리본 뒤에는 언제나 기쁨을 기다리는 애틋한 슬픔이 숨어 있었다.

짧은 3초의 비밀

내가 근무한 미국의 대기업에서는 같은 부서에 일하는 중역들이 출장을 갈 때 두 사람 이상이 한 비행기를 못 타게 한다. 회장이나 부회장, 사장과 부사장은 물론 같은 비행기를 타고 출장을 가지 않는다. 누군가는 회사를 책임지고 운영할 사람이 언제나 있어야 한다는 회사 규칙이다. 참 좋은 규정이라 생각했다. 회사에서 화재나 비상사태에 대비한 훈련을 할 때면 절대로 뛰어가지 못하게 교육시킨다. 뛰어가다 발생하는 혼잡이 질서 있게 걸어서 비상사태에 대비하는 것만 못하다는 것이다. 또한, 회사에서 제공하는 차를 타고 다니며 중요 직책을 맡아 근무하는 모든 직원은 매 3년 한 번씩 안전운전 교육을 받아야 한다.

내가 안전운전 교육을 받는 날 교관은 "3초의 비밀"이란 단어를 기회 있을 때마다 반복해서 말했다. 짧은 3초가 생명을 구하고 세상을 따뜻하게 만든다고 했다. 안전운전 교육은 이론과 실기를 합해 3시간에 걸쳐 실시한다. 교관과 수강생 3명이 한 조가 되고 교육에 필요한 차를 배정받는다. 교관은 운전석 옆에 타고 수강생 한 명이 운전하면 잘못하거나 틀린 것을 지적해 주고 어떻게 하는 것이 옳다고 교육하고 평가한다. 뒷좌석에 있는 같은 조의 수강생과 15분에서 20분마다 교대로 바꾸어 운전을 한다. 운전 교육이 끝난 다음에는 안전운전 이론과 오늘의 평가로 교육과정을 수료한다. 교관의 안전교육 점수도 그해 근무 성적 평가에 포함된다는 말은 어쩐지 대충 하려고 생각하지 말고 잘 하라는 엄포로 들렸다.

교관은 신호등이 파란불로 바뀌었는데도 바로 출발하거나 앞차가 출발하지 않는다고 빵빵거리지 말고 3초만 기다리라고 했다. 반대편 차도에서 정말 급한 사람이 신호등을 무시하고 급히 좌회전하거나 보행자가 갑자기 튀어나올지도 모른다고 했다. 또한, 내 앞에 있는 차를 운전하는 사람이 인생의 중요한 갈림길에서 갈등하고 있는지 모른다. 내 차 앞으로 끼어드는 차가 있으면 3초만 여유를 두고 자리를 내어주라고 했다. 그 사람 가족이 정말로 아파 빨리 가야 할지도 모른다고 말했다. 최대한의 방어와 양보가 최고의 안전이라고 했다.

교관은 3초의 비밀이 담긴 이야기들을 시간 있을 때마다 우리들과 공유했다. 친구와 헤어질 때 그의 뒷모습을 3초만 지켜보라고 했다. 무슨 인생철학 강의를 듣는 느낌이었다. 친구가 뒤돌아보며 손을 흔들어 보이지 않더라도 그의 어깨 위에 안녕의 손으로 다독여주는 마음이 언젠가 나에게 커다란 힘이 될 것이라고 말했다. 길을 가다가 아침 뉴스에서 불행을 맞은 사람들의 소식을 접하면 잠시 눈을 감고 3초만 그들을 위해 기도하라고 했다. 언젠가는 그들도 나를 위해 기꺼이 그리할 것이다. 정말 화가 나서 참을 수 없을 때 잠깐만 흐르는 강물에 발을 담그고 있다고 생각해 보라. 그래도 참을 수 없거든 마음껏 화를 쏟아내라. 그렇다고 뭐, 세상이 달라지는 것도 아니지 않은가. 차창으로 고개를 내밀다가 한 아이와 눈이 마주치거든 3초만 아이에게 손을 흔들어 주어라. 그 아이가 크면 분명히 내 아이들에게도 그리할 것이다.

안전운전 교육을 받는 것인지 인생철학 강의를 듣는 것인지 헷갈렸지만 교관의 이야기는 재미있었다. 성숙한 노신사의 인생 경험이 담긴 이야기는 너무 좋았다. 휴식 시간에 커피를 마시며 그의 "3초의 비밀" 강의는 계속되었다. 죄짓고 교도소 가는 사람을 봤을 때 나무라거나 욕하기 전 3초만 생각하라고 했다. 내가 그 사람이 처한 환경에 있었다면 어떻게 했을까? 또는 되었을까? 그 사람을 위해 3초만 기도하라고 했다. 아이가 잘못을 저질러 울상을 짓고 있을 때 3초만 말없이 미소 지으며 팔을 벌려주어라. 잘못을 뉘우치며 내 품에 안길지도 모른다. 아내가 화가 나서 소나기처럼 퍼부어도 3초만 미소를 지으며 참고 들어주라. 그녀가 저녁에 넉넉한 웃음으로 한 잔 술을 권할지 모른다.

꾸짖을 일이 있을 때 3초만 거울 앞에서 웃어보라. 최소한 나 자신 때문에 화내는 일은 없을 것이다. 힘들 때 3초만 웃어보라. 좋아서 웃는 것이 아니라 웃으니까 좋아지는 것이다. 앨리베이터를 탈 때 잠깐만 "닫기" 단추를 누르지 말고 기다려 보자. 누군가 급한 일도 달려오고 있는지 모른다. 기다린다는 것은 "열려있음"이니까. 아침 출근 시간은 다가오는데 눈이 뜨이지 않는다. 지각이냐 아니냐는 위선 일어나고 봐야 하는데…라고 하는 순간에 결정된다. 생각을 행동으로 옮기는 데는 3초면 충분하다. 먼저 인사하는 습관을 길러라. 성공하고 싶거든 누구에게라도 3초 먼저 인사하라. 당신이 계획한 것보다 3년 빨리 성공할 것이다.

집에 들어가는 길에 초인종을 누르면서 3초만 생각하라고 했다. "나는 행복의 초인종을 누른다. 가족을 위해 오늘은 무엇을 해줄 수 있을까?" 잠시 이 같은 생각이 행복에 이르는 길이기에. 아침에 눈을 뜨고 가슴에 손을 얹고 생각하라. 3초만. "살아있음에 오늘도 행복할 것이다." 누군가 뒤따라 들어올 때 3초만 문을 잡아주자. 그가 바로 당신의 늙은 부모님을 위해 그 문을 열어줄 사람일 것이다. 세상을 뒤집어엎고 싶을 만큼 화가 났을 때 태초에 우리가 사는 이 우주의 탄생을 3초도 안 되는 빅뱅이었을 것으로 생각해 보라. 이 짧은 3초가 우리의 인생을 좌우한다.

실기 교육이 끝나고 점심 식사를 함께하면서 이론 강의와 실기 운전 평가로 오늘의 일과를 마무리 지었다. 3초의 철학적인 강의도 끝을 맺어가고 있었다. 3초의 비밀은 3초의 법칙이란 강의로 끝을 맺는다. 내가 사귀고 싶은 사람이 있는데 기회는 3초만 주저해도 스쳐 지나간다는 것이다. 주어진 시간은 3초, 떠나기 전에 말을 걸어야 한다. 지금까지 3초를 생각하고 기다렸다 행동에 옮기라는 안전교육과는 사뭇 다른 뉘앙스다.

3초의 법칙이란 꼭 3초를 기다리란 말이 아니고 처음 3초를 어떻게 쓰느냐에 달렸다고 했다. 기다릴 땐 기다려야 하지만 기다리는 순간에도 순발력을 발휘하여 대응하는 융통성을 가져야 한다는 말인 것 같았다. 동전의 양면을 다 볼 줄 아는 지혜를 발휘하라는 것이다. 다음 일은 다음에 생각하자. 주저하다 기회를 놓치고 후회하는 것보다 백배 낫다.

거울을 보고 자신의 첫인상을 들여다보라. 처음 만났을 때 당신의 인상은 3초 이내에 결정된다. 3초가 지나기 전에 말을 걸고 3초 이내에 좋은 인상을 심어라. 단 3초의 시간이 당신의 일생을 결정하고 있다.

길이 멀어도 찾아갈 벗이 있다면

길이 멀어도 찾아갈 친구가 있다면 얼마나 좋을까 생각해 본다. 문득 생각이 나서 보고 싶어지는 급한 마음에 기별을 넣지 않고 찾아가도 가슴을 가득 채우는 정겨움으로 맞이해주고 이런저런 사는 이야기를 밤새워 나눌 수 있는 친구가 있는 사람은 행복한 사람이라 생각한다. 부부간이라도 살다 보면 털어놓을 수 없는 일이 있고 피를 나눈 형제간이라도 말 못 할 사연이 있는 데 함께하는 술잔만으로도 속마음이 이미 통한다면 무슨 말이 더 필요하겠는가. 마주하는 내 심정을 먼저 아는 벗이 있었으면 좋겠다. 잘 나갈 땐 이런저런 친구가 많았어도 힘들고 어려우면 등 돌리고 모르는 체하는 것이 세상인심인데 그래도 가슴 한 짐 툭 털어 내놓고 마주하면 세월이 모습을 변하게 할지라도 보고픈 얼굴이 되어 먼 길이지만 찾아갈 벗이 있었으면 좋겠다.

오늘따라 오랫동안 만나지 못한 친구가 보고 싶어진다. 바쁘게 살다 보니 그렇게 되었나 생각해 본다. 돌아가신 지인이 병상에서 너무 바쁜 사람과는 친구 하지 말라고 한 말이 생각난다.

임종을 앞두고 친구에 대한 생각을 많이 하셨던 모양이다. 왜 그런 말씀을 나에게 했을까? 내 속을 들여다보고 있는 것 같았다. 세계적인 갑부 월마트의 창업자 샘 월튼이 죽을 때 삶을 잘못 살았다고 후회했다고 한다. 임종이 가까워져 자신의 삶을 돌아보니 그에게 친구라고 부를 수 있는 사람이 없었다고 했다. 돈이 많으면 뭐 하겠느냐? 그가 죽을 무렵 어쩌면 가족보다 더 가까운 친구는 그의 곁에 없었다며 슬퍼했다.

톨스토이가 쓴 "이반 일리치"의 죽음을 보더라도 임종을 앞둔 이반 일리치는 용변을 볼 때나 목욕을 할 때마다 다른 사람의 도움을 받아야 하는 것을 무척 괴로워했었다. 하지만 불쾌하고 견디기 힘든 이 일을 도와주는 사람은 간병을 맡고 있는 하인 "게라심"뿐이었다. 그는 잠자러 갈 생각도 잊은 채 곁에서 지켜주는 게라심에게 미안해하자 게라심은 솔직하게 말했다. "우린 모두 언젠가는 죽습니다. 그러니 제가 당신을 위해서 수고 좀 못하겠습니까?" 이반 일리치에겐 게리심 같은 사람이 자기 곁에 있다는 것에 큰 위안을 받았다.

얼마 전 세계적인 부호 워런 버핏의 일화가 언론에 보도되었다. 미국 네브래스카 대학에 재학 중인 한 여대생이 경제전문지 포춘이 주최한 "여성과 일"이라는 주제의 강연회에서 워런 버핏에게 질문했다. "지금 위치에서 과거에 배운 교훈들을 돌아볼 때 당신은 성공이란 것을 어떻게 정의하겠습니까?" 버핏은 주저하지 않고 "어떤 사람들은 성공이란 원하는 것을 많이 얻는 것으로 생각한다. 하지만 내 나이가 되면 당신이 바라는 사람이 당신을 사랑해 주면 그게 성공입니다. 당신은 세상의 모든 부를 다 얻을 수도 있고 당신 이름을 딴 빌딩을 가질 수도 있지요. 그러나 사람들이 당신을 생각해 주지 않으면 그건 성공이 아닙니다."라고 말했다.

버핏은 이어서 자신이 이런 생각을 하게 된 배경을 설명했다. "오마하에 벨라 아이젠버그"라는 여성이 있었다. 그녀는 폴란드계 유대인으로 제2차 세계대전 때 아우슈비츠 수용소에 수감되었다 다행히도 살아나왔다. 그녀가 세상을 떠나기 몇 년 전 어느 날 나에게 이렇게 말했다. "웨런, 나는 친구를 사귀는 게 매우 더뎌요. 왜냐하면, 사람들을 만날 때마다 속으로 이렇게 질문 하거든요. 저 사람은 나를 숨겨줄까, 하고 말이어요. 당신이 괴한으로부터 쫓기고 있을 때 당신을 숨겨줄 만한 사람이 많다면 성공한 거예요. 그와 반대로 아무도 당신이 어떻게 되든 신경 쓰지 않는다면 돈이 얼마나 많든 당신은 실패한 사람이에요."

유안진 작가가 쓴 수필 "지란지교"를 보면 친구 관계가 잘 나타나 있다. 지란지교란 지초와 난초의 사귐이란 뜻으로 벗 사이의 높고 맑은 고귀한 사귐을 이르는 말이다. 사람이 꼭 자기 아내나 남편, 형제나 자식들하고 만 사랑을 나눈다면 어찌 행복해질 수 있으랴. 영원히 없을수록 영원을 꿈꾸도록 서로 돕는 진실한 친구가 필요하리라. 그가 여성이든 남성이든, 남에 살던 북에 살던, 언어가 다르고 피부 색깔이 다르거나 나이가 많거나 적어도 상관없다. 다만 그의 인품이 맑은 강물처럼 조용하고 은근하며 깊고 신선하며 친구와 인생을 소중히 여길 만큼 성숙한 사람이면 된다. 어느 사람은 친구가 많다고 자랑하는데 친구가 꼭 많아야 하는 것은 아니다. 친구가 적더라도 그런 친구가 있으면 된다. 당신에게도 그런 친구가 있으면 당신은 성공한 사람이고 행복한 사람이다.

자주 만나지는 못해도 같은 하늘 아래 그와 함께 숨을 쉬고 있다는 것만으로도 서로 위로가 되고 마지막까지 남을 그런 친구가 있었으면 좋겠다. 길이 멀어도 찾아갈 벗이 있으면 더욱 좋겠다. 오늘따라 그런 친구가 보고 싶어진다.

몇 번을 더 만날 수 있을까?

“내 나이가 어때서…. 사랑하기 딱 좋은 나인데….” 노인회관에서 울려 퍼져 나오는 노랫소리다. 노인들이 노래자랑을 하고 있나 봐. 지나가던 젊은이들이 씁쓸한 미소를 지으며 “저 나이에도 사랑 타령인가 봐!” 하는 표정이었다. 노인들은 악을 쓰다시피 노래를 부르며 서로가 위로받고 싶고 위로하고 싶고 기쁘기보다는 허전한 가슴을 달래고 있는 모습이었다. 어쩌다 내 나이가 여기까지 왔는지, 그렇다고 사랑을 모르랴! 꼭 이성 간의 사랑만 사랑이 아니지. 자식 사랑, 손주사랑 이웃사랑, 친구 사랑, 얼마나 사랑하기 좋은 나인데. 그걸 모르고 내가 주책이라고? 이놈아, 돈도 안 받고 손주 봐줄 때는 사랑이 좋았겠지.

늙었다고 사랑을 모르겠는가, 모르는 척할 뿐이지. 이성 앞에 감성이 눈물겨울 때 감성 앞에 이성은 외로울 뿐이지…. 사랑 앞에 나이 앞에 절제라는 말이 서글프고 책임이라는 말이 무거울 뿐이지…. 절대로 올 것 같지 않던 세월은 어느새 서산 마을에 접어든 나이, 물소리가 한층 더 깊이 들리고 바람 소리는 더욱더

애잔할 때 지저귀는 새소리가 못 견디게 아름다워라. 봄과 가을 사이에는 내게도 뜨거운 시절이 있었지 않았던가? 꽃그늘 아래 붉도록 서 있는 젊은이여! 나뭇잎 사연마다 단풍이 물들 때 노년이라고 사랑을 모르겠는가?

훗날 그대에게, 덜 늙은 줄 아는 그대에게도 쓸쓸한 날이 오거들랑 빈 주머니에 낙엽 한 장 넣고 빨갛고 노란 꽃길을 걸어보세요…. 당신이 꽃인지, 낙엽인지…. 팔순 잔치 때 십 년의 덤, 아흔까지만 건강하게 살았으면 하는 소망 부질없는 욕심이 아닌가 하는 생각에 남몰래 조심스레 가슴에 품었었는데. 이제 바람 따라 구름 따라 여든의 반 고개를 넘은 허리 굽고 머리 하얀 늙은이가 되었다. 내가 흘려보낸 것도 아니고 내가 도망쳐온 것도 아닌데 세월이 제 자랑하며 흘러갔으니 청춘이란 꽃밭은 아득히 멀어져 잊히고 흰머리 잔주름에 검버섯 같은 허무만 남았구나.

이제 갈 길은 외줄기 피할 수 없을 바에는 홀가분하게 그 길을 걷자. 탐욕과 아집, 버겁고 무거운 짐 다 내려놓고 가벼운 마음 즐거운 마음이면 좋지 않겠나. 그저 하루하루 즐겁고 당당하게 걸으면 되지 않을까. 고운 마음으로 열심히 살면 지금까지 한세월이 바람처럼 흘렀듯 또 5년이 강물처럼 흘러 어느 날 아흔이 되어있을지 모르지 않는가. 건강하고 즐거우면 이것이 축복과 은혜가 아니고 무엇이랴!

함께 있는 가족에게 사랑하고 함께 걷는 친구들께 감사하고 인연이 닿는 모든 분을 다독이며 살련다. 그리고 사랑한다는 인사도 먼저 하련다. 멀리 있는 친구여 우리 몇 번을 더 만날 수 있을까? 저녁노을 빛깔처럼 절정을 준비하는 나이에 우리도 빨갛게 물들어 떨어지기 전에 한 번 더 만나자.

죽기 전에 몇 번을 더 만날 수 있을까 생각하며 고국을 찾았다. 고향이 어떻고 친구가 어떻고 경제가 어떻고 정치가 어떻고 자식이 어떻고 문학이 어떻고 한참 떠들어 대다 2차는 누가 내고 3차는 어디로 가자고 하다가 어느덧 서울의 오밤중 혼자 돌아오는 택시 안에서 술김이었겠지 만 갑자기 목이 잠기더군. "우린 몇 번을 더 만날 수 있을까? 그리고 우리는 정말 헤어질 것인가?"

보고 싶은 벗들, 만나고 싶은 사람들…. 죽기 전에 몇 번을 더 만날 수 있을까? 정말 몇 번이나 더 만나서 즐겁게 술잔 나누며 대화하고 노래도 부르며 떠들썩한 시간 가질 수 있을까? 정말 몇 번이나 더 가슴 찡한 이야기 나누며 눈물 글썽일 수 있을까? 좋은 말, 좋은 시 한 수라도 읽어줄 수 있었으면 좋겠다. 죽기 전에 정말 몇 번이나 노을 지는 바다를 함께 볼 수 있을까? 이러다 어느 날 한 번 더 만나지 못하고 말없이 떠나버리겠지.

몇 번을 더 만날 수 있을까? 늙어가는 이들이 친구 생각에 잠긴다. 곱게 늙어가는 친구에게는 세상이 곱게만 보인다. 늙어도 낡지 않고 새롭게만 보인다. 언젠가 늙음과 낡음이 서로 만나면 허무와 절망뿐이다. 그러니 몸은 늙어도 마음은 새로워지는 것이 아름답게 늙는 것이다. 일상에서 초연해지는 것이 늙음의 은총이고 아름답게 늙는 것이다.

나이가 들어 늙은이가 된다는 것은 패잔병 신세가 되는 것이 아니라 사랑하기 딱 좋은 시기에 축복의 땅에 도착한 것이다. 잃을 것이 없는 빈손 때문이 아니라 얻으려는 욕망이 걷힌 빈 마음으로 풍요로운 마을에 평화의 저녁 시간에 도착한 것이다. 늦가을 햇살이 스며드는 서재에서 책을 읽다 창문 너머로 빨간 단풍이 바람에 날려 손짓하며 떨어지는 모습을 보았다. 무엇을 생각했을까? 이 행복한 마을에서 몇 번을 더 만날 수 있을까? 생각해보았다.

나에게 세상을 보는 눈을 준 사람

엄마, 안 되겠어! 왼손으로 써줘. 초등학교 3학년 둘째 아들이 한 말이다. 아들이 도대체 숙제를 하지 않아 내가 매일 아침저녁으로 챙겨주어야 했다. 숙제했어? 아니. 왜 안 했어? 다 아는 건데 뭣 하려고. 그래도 선생님이 해오라는 것이니까 해야지. 싫어. 그럼 엄마가 도와줄게. 그래, 내가 답을 불러 줄 테니 엄마가 써줘.

에이, 이건 안돼. 엄마 글이 너무 예뻐. 안 되겠어. 내가 쓴 글씨같이 보이게 비틀비틀하게 왼손을 써줘. 선생님이 모르게. 숙제를 하지 않는 아들과 매일 아침저녁으로 씨름을 했다. 그뿐만 아니다. 학교에서 수업 시간에 선생님 말씀은 안 듣고 레고 장난감을 책상 밑에 숨겨서 자동차나 비행기를 만들다 들켜 뺏기기도 했다. 학년 말에 빼앗긴 레고가 담긴 박스를 선생님은 내게 돌려주었다. 받아오느라 창피스러웠다.

이런 아들이 의젓한 의사가 되고 교수가 되었다. 기억력이 좋아서 어릴 때 있었던 웬만한 일들은 다 기억하고 있다. 사진 메

모리(Photographic Memory)를 가져있어 우리가 잊어버린 옛날 일들을 아들에게 물어보면 다 기억해 낸다. 머리도 나쁘지 않아 IQ가 높은 사람들의 모임인 멘사 클럽(Mensa International) 회원인 것으로 알고 있다. 그런 착하고 훌륭한 아들 덕분에 얼마 전에 췌장암 진단을 받은 내가 살아날 수 있었다. 얼마나 다행이고 고마운지 모르겠다. 물론 사통 팔방으로 노력한 큰 며느리 의사의 힘이나 남편을 비롯해 전 가족의 정성이 대단했다. 하느님은 우리 가족들의 기도를 들어주셨고 은총과 축복을 내게 주었다.

아들 덕분에 모든 검사를 빨리 받고 장장 7시간에 걸친 암 수술을 무사히 받았다. VIP 대접을 받으며 병실에서 회복 치료를 받았다. 힘들었지만 항암치료도 무사히 끝냈다. 그러나 퇴원하는 날 의사는 아무리 성공적으로 수술을 받고 항암치료를 받았어도 췌장암 환자의 80~90%가 5년 이내에 사망한다는 말에 마음이 놓이지 않았다. 꼭 암이 재발하지 않아도 다른 합병증으로 사망하는 경우도 많다고 했다. 나는 6개월마다 CT Scan을 받아 암 수치를 점검하며 살아온 지 벌써 4년을 넘기고 있다. 1년만 더 버티어 내면 췌장암으로 죽을 확률은 많이 낮아진다고 한다. 기다려 보자.

그러나 벌써 살아온 4년이 덤으로 느껴지는 기분이다. 또한, 하느님께 가야 하는 준비 기간을 준 것 같아서 차분한 마음으로 받아들이고 있다. 사형선고를 받고 집행 날짜가 언제 올지 모르는 사형수의 마음을 짐작해 본다. 모범수로 살다 보면 하느님께서 사형을 면제시켜줄 수도 있지 않을까? 그리고 죽을 뻔하다 살아나고 보니 어떻게 살아야 하는지와 삶의 소중함을 알게 되고 세상을 보는 눈이 달라졌음에 감사드린다. 그런 면에서 아픔이 나에게 준 교훈은 상당히 값진 것이다.

엄마가 머지않아 우리 곁에 계시지 않는다는 생각에 아들 세 명의 가족들이 자주 방문을 오고 엄마와 함께 시간을 보낸다. 오늘은 둘째 의사 아들과 데이트를 가는 날이다. 함께 차를 타고 한 시간 정도 달리니 태평양이 눈 아래 보이는 해변의 고급 식당에 도착했다. 함께 점심을 먹으며 이 이야기 저 이야기를 주고받았다. 이 식당에는 바다 새우 살이 섞인 샐러드와 뉴잉글랜드식 클램 차우더 수프 그리고 바닷가재 요리가 전문이라고 하니 골라서 먹어보기로 했다. 와인을 한 잔 곁들여 먹는 식사는 너무도 맛있었다. 아들은 친구 의사와 함께 나눈 한 환자 이야기를 시작했다.

이 40대 중반의 환자는 망막색소변성증이라는 희귀병 판정을 받았다. 주변의 시야가 차츰 좁아지면서 정상인 시력의 5% 정도밖에 볼 수 없게 되었다. 사랑하는 아내는 물론 힘들게 입양해 키운 아들의 얼굴도 볼 수 없었다. 모든 것을 포기하고 싶은 시간이 흐르기 시작했다.

그에게 고등학교 졸업반인 아들은 어릴 때 입양한 한국계 아들이다. 아들은 아버지에게 눈을 이식해 줄 수 있는 사람을 찾기 위해 이리 뛰고 저리 뛰었다. 벌써 3년이 지났지만, 기증자를 찾지 못했고 환자의 시력은 점점 더 나빠져 가고 있었다. 같은 동포가 사는 한인 사회에 호소하고 도움을 청했다. 그러던 어느 날

환자의 사연을 들은 40대 어느 남성이 눈을 기증하겠다는 의사를 전달해왔다. 환자와 아들은 기쁨에 들뜬 마음으로 기증자를 만나러 갔다. 하지만 환자는 기증하겠다는 사람께 고마운 마음만 전하며 사양하고 그냥 돌아왔다.

기증 의사를 밝힌 사람은 LA 한인타운에 사는 불법체류자였다. 건설 노동판에서 일하다 허리를 다치고 다리를 잃어도 불법체류자 신분이라 상해와 의료 혜택을 제대로 받지 못하고 휠체어에 앉아 생을 포기한 사람이었다. 사지를 제대로 쓰지 못하고 성한 곳이라곤 오직 눈밖에 없는 사람이었다. 그는 죽기 전에 눈이라도 팔아 아내가 살아가는 데 도움이 되도록 하려고 마음먹었다고 했다. 아니, 어쩌면 의족이라도 만들어 붙이면 다시 걸어서 돈을 벌 수 있을까도 생각해 보았다. 아내도 역시 불법체류자로 호텔 청소를 하여 생계를 꾸려가고 있었다. 이 이야기를 듣는 순간 "선생님, 저는 이미 눈을 기증받은 거나 마찬가지입니다. 선생님은 저에게 세상을 보는 눈을 주셨습니다."라고 말하고 저가 도와드릴 테니 힘내세요 하고 그냥 돌아왔다.

환자는 자신이 하나를 잃고 나머지 아홉을 가지고 있는 사람이라는 생각이 들었다. 그러나 그분은 오직 하나 남은 것마저 저에게 주려고 했다. 어떻게 그걸 달라고 할 수 있겠습니까? 살다 보면 한 개를 가지면 두 개를 더 가지고 싶은 게 인간의 욕심인데 그의 마음은 그렇지 않았던 것이다. 이 만남의 인연으로 인해 환자는 그분을 꾸준히 도와주기 시작했다. 이 사연이 알려진 뒤로 그나마 다행스러웠던 것은 쉽게 자신의 곁을 떠나리라 생각했던 아내가 그의 곁을 지켜주었다. 그리고 환자에게도 늦게나마 기증자가 나타나 우리 아들의 친구 의사가 며칠 전에 안구 이식 수술을 마쳤다고 했다. 이 두 사람은 사랑과 은총으로 다시 세상을 볼 수 있는 눈과 심장을 받아 서로 나누는 것이 사랑하는 삶이라는 것을 알고 산다는 이야기를 들려주었다.

나는 시력을 회복한 환자는 얼마나 좋아할까 생각해 보니 갑자기 헬렌 켈러의 "사흘만 볼 수 있다면" 이란 글이 생각났다. 내가 사흘만 볼 수 있다면 첫날은 내가 사랑하는 사함의 얼굴을 보겠다. 나를 가르쳐 준 고마운 엔 설리번 선생님을 찾아가 그분의 얼굴을 보겠습니다. 둘째 날은 밤이 아침으로 변하는 기적을 보고 싶다. 그리고 아름다운 꽃들과 물과 빛나는 저녁노을을 보고 싶습니다. 저녁에는 영롱하게 빛나는 별을 보겠습니다. 셋째 날에는 사람들이 오가는 평범한 거리를 보고 싶다. 아침 일찍 부지런히 출근하는 사람들의 활기찬 표정을 보고 싶습니다. 점심 때는 아름다운 영화를 보고 저녁에 집에 돌아와 사흘간 눈을 뜨게 해주신 하느님께 감사의 기도를 드리고 싶습니다.

아들아 고맙다. 그리고 사랑한다.

감사할 줄 아는 사람

한국 사람들은 고맙다는 말이나 사랑한다는 말에 인색하다고 소문이 나 있다. 인색한 것이 아니라 습관이 되지 않아 그렇다고 생각한다. 동방예의지국이라 말하면서 예의나 공중도덕이 별로다고 말한다. 유교 사상에 젖은 우리 민족은 즉흥적으로 고맙다, 미안하다, 사랑한다 등의 표현을 경망스러운 행동이니 삼가하라고 가르쳤다. 감사할 줄 아는 마음이 없어서가 아니라 마음속으로 또는 눈인사로 표현하는 것이 습관이 되었다. 서양 사회와 사뭇 다른 예의범절이나 표현 방법이라고나 할까? 동서양의 도덕과 예의범절의 기준이 다르다 보니 혼란이 오기도 한다. 그러나 우리도 이제 서구 사회의 문화를 많이 받아들여 사고나 행동에 변화를 이루고 있다. 우리의 좋은 것도 나누어 가지고 남의 좋은 것도 받아들여 나쁜 것을 줄여가면 좋겠다.

고맙다, 감사하다는 말은 꼭 나에게 도움을 주거나 위로해 준 이에게만 드리는 말이 아니다. 내 주변에서 일어나는 일들에 대하여도 감사의 마음을 갖는 것이다. 무심코 지내 보낸 일들이 그리움으로 나타난다면 그것이 나에게 고마운 일이었기 때문이다.

코로나 팬데믹으로 꼼작 못하고 집에 박혀 있을 때 얼마나 답답했던가? 가끔 외출해도 마스크로 얼굴을 가리고 나가니 누가 누군지도 알아볼 수 없었다. 오랜만에 나가보면 잠깐의 나들이가 그리움이고 친구와 나눈 커피 한잔이 그리움인 것을 알 수 었었다. 친구를 만나 수다를 떨고 맛집에 함께 앉아 점심을 먹으며 마주 보고 웃는 것이 축복이요 그리움이었다. 회사 사무실에 나가는 것이 그리움이 되고 붐비는 지하철이 그리움이다. 봄이 오는 소리가 그리움이고 당신과 함께 걸은 산책길이 그리움으로 다가온다. 이 평범한 일상들이 그리움으로 다가올 줄 몰랐다. 오랜 세월 모른 채 살아왔었다. 감사하지도 않았다.

감사하는 마음은 불행을 막아주는 마법의 주문같이 들린다. 감사하는 마음은 어떤 상황에 부닥쳐 있던 당신에게 행복한 순간을 선사하며 아름다운 시간을 오래 지니도록 해준다. 또한, 감사하는 마음은 당신이 슬플 때 그 슬픔에서 탈출하여 다시 햇빛을 볼 수 있도록 도와준다. 그러므로 당신은 행복하게 만들어 주는 마법의 약을 항상 주머니에 넣고 다니는 셈이다. 하지만 대부분의 사람이 자신의 주머니 속에 든 약의 존재를 모르고 살아간다. 사람들은 외부 상황에 빨리 익숙해져 자신의 인생에서 사소한 것들의 가치를 높이 평가하는 데 인색하기 때문이다.

매일 아침 영원히 잠들지 않고 다시 깨어나는 것에 기뻐하고 감사하자. 밖이 매섭게 추울 때 보일러를 틀어 집안을 금방 따뜻하게 만들 수 있음에 감사하면 어떨까? 지금까지 여러 곳을 돌아다니며 맛있는 것을 얼마나 먹고 아름다운 것을 얼마나 보았는지 새삼 깨닫고 이에 감사하는 마음을 가지자. 사랑하는 사람들과 함께 보낸 아름다운 순간들을 떠올리며 행복해하자. 요리, 춤, 노래, 피아노나 바이올린 연주, 등산이나 골프 같은 스포츠 등 친구들과 함께 할 수 있었음에 감사하자. 또한, 셀 수 없을 만큼 많은 웃음을 선사해 준 당신의 인생에도 감사하자. 사소한 일상의 고마움을 많이 느낄수록 그만큼 더 행복해질 것이다. 감사하는 마음이 바로 인생의 기쁨인 것이다. 감사한 마음을 표현하고 전달하여 함께 가지는 습관을 기르자.

중국 속담에 "기적은 하늘을 날거나 바다 위를 걷는 것이 아니라 땅에서 걸어 다니는 것이다."라는 말이 있다. 예전에 싱겁게 웃어넘겼던 그 말이 다시 가슴에 다가오는 건 반듯하고 당당하게 걷는 게 결코 쉬운 일이 아님을 실감하게 되는 나이에 와 있기 때문일까? 괜한 말이 아닌 것 같다. 아프기 전과 후, 나이 50 때와 60, 60 때와 70, 그리고 70 때와 80이 이렇게 표시가 나게 다르다는 게 몸의 신비가 아니고 무엇이랴!

얼마 전에는 옛날 직장 상사로 모셨던 분의 병문안을 다녀왔다. 몇 년에 걸쳐 점점 건강이 나빠져 이제 그분이 자기 힘으로 할 수 있는 것은 눈을 깜빡이는 정도에 불과했다. 예민한 감수성과 날카로운 직관력으로 명성을 날리던 분의 그런 모습을 마주하고 있으려니 한때의 빛나는 재능도 다 소용없구나. 서글픈 마음이 들었다. 돌아오면서 지금 저분이 가장 원하는 것이 무엇일까 생각해 보았다. 혼자서 일어나고 좋아하는 사람들과 웃으며 이야기하고, 함께 식사하고, 산책하고, 그런 아주 평범한 일이 아닐까. 다만 그런 사소한 일상이 기적이라는 것을 깨달을 때는 대개는 너무 늦은 다음이라는 것이 안타깝다.

인간은 하늘을 날고 물 위를 걷는 기적을 이루고 싶어 안달하며 무리를 한다. 땅 위를 걷는 것쯤은 당연한 일인 줄 알고 살았다. 아픈 허리에 파스를 사나흘 붙여보고 물리치료도 받아 보니 알겠다. 남에게 일어나는 일들은 나에게도 올 수 있다는 것을. 아침에 벌떡 일어날 수 있음이 얼마나 감사한 일인지 아파보니 느낄 수 있었다. 오늘도 일상에 감사하며 살아야겠다. 마음속으로 감사를 느끼고 입으로도 감사하다고 외치자. 내가 행복해지고 친구가 기뻐할 수 있게.

행복한 시간

유럽을 제패한 황제 나폴레옹은 죽을 때 "내 생애에서 행복한 날은 단 6일 밖에 없었다."고 했다. 그러나 눈이 멀어 볼 수 없었고 귀가 먹어 들을 수 없었던 헬렌 켈러는 "내 생에 행복하지 않은 날은 단 하루도 없었다."고 말했다. 내가 볼 때는 당연히 영웅 나폴레옹이 더 행복했을 것으로 생각되지만 행복의 척도는 생각하고 느끼는 관점에 따라 달라진다는 것을 일깨워주는 교훈으로 받아들여진다. "당신은 당신의 생애에 행복한 날이 며칠이나 됩니까?"라고 물어본다.

행복이란 무엇인가? 행복이란 내가 사랑받고 있다는 것을 알 수 있을 때 느끼는 감정이다. 그러면 나의 삶에서 행복한 시간은 언제인가? 찰나의 사진이 있듯이 인생도 한순간의 "찰나에 지나지 않는다." 행복과 불행의 시간도 한순간에 지나지 않는다. 시간은 태초부터 있었다. 시간의 시작은 창조 신화에서 비롯되는 것 같다. 우리는 시간이라는 것을 길게는 세월, 짧게는 분, 초 단위로 소비한다. 시간은 역사를 만들며 모든 것을 과거란 것에 묻어버린다. 시간 속에서 꽃은 열흘이 못가 시들어 버리고 새순이 나오는 것은 열매를 맺기 위해서이다. 모두가 자연의 원리요 시간의 결과다. 우리의 삶이 찰나라면 그 찰나를 일분일초도 빠짐없이 행복으로 채워야겠다.

시간은 유일한 무형 희귀 자재여서 아무도 시간을 만들어 낼 수 없으며 누구도 자기가 가진 시간을 팔아버릴 수도 없다. 누구에게도 하루 24시간이 평등하게 주어져 있지만 주어진 환경과 시간을 어떻게 활용하느냐에 따라 그 시간의 효용 가치는 달라진다. 어느 사람은 1분 1초라도 값있게 살아가고 어떤 사람은 하루 24시간을 무의미하게 날려 보내고 있다. 미국 과학저널지 "사이언스"에서 하루 중 행복(긍정적)하게 보낸 시간과 불편(부정적)하게 보낸 시간을 통계로 내어 보았다. 사람들이 행복하게 보낸 시간은 단지 2시간 42분이고 불편하게 보낸 시간이 9시간 36분이었다. 그러면 무엇이 행복한 시간이었나? 하는 물음에는 많은 사람이 친구 만나기, 사교모임, 휴식, 기도, 명상, 식사 등이었다. 불편한 시간은 직장 근무, 아이 돌보기, 출퇴근 시간, 전화통화, 컴퓨터 하기 등이라 말했다.

인간이 100세를 살아도 유일한 시간은 지금뿐이다. 살면서 한 번 놓치면 돌아오지 않는 것이 시간이다. 그러니 노인에게는 덧없이 흘러가는 시간이 너무나 안타까운 시간이다. 현재를 살아가는 지금 이 순간이 내가 행복하고 즐길 수 있는 시간이다. 때로는 세월이 우리의 삶을 흔들고 늙음의 흉터를 남긴다. 은퇴한 지 3년이 지난 사람에게 은퇴 후 좋은 점이 무엇이냐고 물었더니 처음에는 "아침에 일어나서 무슨 일인가 해야 한다는 부담감에서 해방된 것에 너무 행복했다."라고 대답했다. 그러나 지금은 하루를 보내기가 두렵다고 했다. 할 일이 없어서 오는 절망감이다.

우리의 삶은 머무름이 없는 움직임이다. 60~70대 이후는 인생의 오후 시간이다. 등산하며 만난 노인은 80여 년 살아온 시간 여행은 이제 서산에 오른 듯하다고 했다. 어떻게 죽을지를 걱정할 때이다. 직장에 다닐 때는 기다리던 주말이었지만 은퇴한 이후는 이런 기다림이 없어진다. 반드시 소유해야 할 건강, 재산, 친구들도 차츰 멀어져 가고 있다는 아쉬움이 다가온다. 죽음에 직면한 사람들은 그들이 사는 동안 가방끈이 짧다고, 돈을 많이 벌지 못했다고, 성공하지 못했다고 후회하지 않았다. 그 대신 그들은 이제까지 살아온 삶이 우리가 생각하는 것보다 훨씬 짧다고 말했다. 우리의 삶 자체가 단 한 번의 기회이기에 살아있을 때 모두가 행복한 것이라고 말했다. 행복은 멀리 있는 것이 아니다.

프랑스 출신 시인이자 소설가 빅토르 위고는 "삶에서 가장 큰 행복은 우리가 사랑받고 있다는 것을 확인하게 되는 것이다."라고 말했다.

인간의 삶에 일어나는 전쟁들

프랑스 출신 작가 빅토르 위고는 인생은 전쟁이고 삶에는 세 가지 싸움이 있다고 했다. 인생은 자연과의 싸움, 인간과의 싸움, 그리고 자신과의 싸움이라고 했다. 자연과의 싸움이나 인간과 인간과의 싸움은 내가 원하지 않아도 말려 들어가게 되어있지만 피할 수도 있다. 원인과 결과도 나의 의지와는 상관이 없다. 그러나 자신과의 싸움은 피할 수도 없고 내가 꼭 이겨내어야 하는 싸움이다.

위고는 인간은 자연과 싸워야 한다를 해설해서 위해 "바다의 노동자"라는 작품을 썼다. 바다의 노동자(어부)들은 살기 위해서 추운 날씨와 사나운 파도와 싸운다. 인간이 산다는 것은 자연과의 끊임없는 투쟁이다. 자연은 우리에게 따뜻한 어머니이기도 하지만 때로는 잔인한 적이요 라이벌이다. 인간이 산다는 것은 자연을 이용하고 지배하고 정복하기 위해 항상 싸우는 것이다. 그런데 이제는 자연과 싸울 것이 아니라 인간이 자연을 보호해야 할 때가 되었다. 인간이 자연과 싸워 이룬 승리는 우리에게 큰 화를 불러오고 있다. 자연은 정복의 대상이 아니라 우리는 자연과 더불어 사는 지혜를 길러야 한다. 위고의 해설은 앞을 내다보지 못한 것으로 보인다.

위고는 또 우리의 삶은 인간과 인간끼리의 싸움이라고 했다. 그는 이 논리를 정리하기 위해 "93년"이란 작품을 썼다. 개인과 개인의 생존경쟁에서부터 국가와 국가 사이의 전쟁, 민족과 민족의 싸움, 공산주의나 자유민주주의 사상의 대결 등 인간세계에는 많은 싸움이 있다. 우리는 이런 싸움을 원치 않지만 살아남기 위해 이러한 싸움을 한다. 그리고 싸워서 이겨야 한다. 무장이 없는 곳에 평화가 없고 힘이 없는 곳에 자유가 없다. 이것이 우리가 사는 세계사의 냉엄한 현실이다. 나는 핵무기를 가져도 너는 가져서는 안 된다. 너는 내 편이 아니면 나의 적이다. 힘센 놈의 말이 정의고 국제 질서다. 이것이 현실이라니 앞날이 그리 밝게만 보이지 않는다. 냉전인지 대전인지 매일 싸우는 이유가 여기 있다.

그러나 이 전쟁들은 정말로 필요한 전쟁일까? 당대의 야욕과 영웅 심리에 도취한 나폴레옹, 히틀러, 또는 일본의 도조 히데키 같은 이디어트들이 일으킨 전쟁이다. 물론 오늘날에도 이와 비슷한 전쟁은 계속되고 있다. 앞으로도 어디선가 지구와 국가라는 공동체가 존재하고 이해관계가 상반되는 집단이 존재하고 사상과 이념이 다르고 민족 간의 갈등이 존재하는 한 이런 전쟁은 또 일어날 것이다. 우리는 이런 전쟁이 일어나지 않고 평화가 공존할 수 있는 세상을 만들어야 할 의무가 있다. 이 전쟁은 막을 수 있는 싸움이다. 전쟁 영웅이 아닌 평화를 위한 영웅 평화를 기적같이 이룰 수 있는 천사 같은 영웅이 필요한 때이다.

마지막으로 제일 중요한 싸움이 자가와 자기 자신의 싸움이다. 내가 나와 싸우는 싸움이다. 위고는 이 싸움을 해설하기 위해 "레 미제라블"이라는 소설을 썼다. 성경 다음으로 가장 많이 읽혀진 명작이라 한다. 장발장이라는 한 인간의 마음속에서 벌어지는 선(善)한 자아(自我)와 악(惡)한 자아(自我)의 내적 투쟁을 묘사한 작품이다. 이 소설에서 선한 장발장이 악한 장발장을 이기는 용감한 정신적 승리를 생생하게 그린 것이다. 우리의 마음은 선과 악의 싸움터다. 나의 마음속에는 항상 두 자아의 싸움이 벌어지고 있다.

"용감한 나와 비겁한 나, 커다란 나와 조그만 나, 너그러운 나와 옹졸한 나, 부지런한 나와 게으른 나, 의로운 나와 불의의 나, 참된 나와 거짓된 나" 이러한 두 가지의 상반된 자아가 우리의 마음속에서 항상 싸우고 있다. 내가 나하고 싸우는 싸움, 이것은 인간의 자랑이요 영광인 동시에 고뇌와 비극의 원천이기도 하다. 이 싸움이 있기 때문에, 이 싸움에서 이겨야 하기 때문에 인간은 위대하다. 소크라테스의 제자 철인 플라톤은 이렇게 말했다. "인간 최대의 승리는 내가 나를 이기는 것이다." 나도 이 싸움에서 꼭 이겨야겠다고 다짐해 본다.

5

특별한 졸업 선물 | 185
화를 내지 말자 | 190
아버지가 없어진다 | 193
절영지회(絶纓之會) | 196
말의 향기 | 202
잠수종과 나비 | 206
아픈 만큼 삶은 깊어진다 | 209
보는 것과 보이는 것 | 212
인생은 나를 찾아가는 길 | 217

특별한 졸업 선물

고등학교 졸업 시즌이 되면 여러 가지 이야기가 오간다. 먼저 그해 초부터 발표되는 대학 입학 통지서가 도착하기 시작하면 희비가 교차하고 졸업 후 대학에 진학하지 않는 아이들은 일자리를 찾느라 고민한다. 미국에서는 고등학교를 졸업하면 대학을 가든 직장을 구하든 생에 처음으로 부모 곁을 떠나 집을 나간다. 교육열이 높은 한인 부모들은 자식들이 다 일류 대학인 아이비리그 대학이나 그와 비슷한 좋은 대학에 입학하기를 기다리다 희비의 소식을 접하는 시즌이다. 그러다 보니 여러 가지 에피소드도 생긴다.

A라는 한국계 학생은 하버드 대학을 비롯해 몇 개의 일류대학에 원서를 접수시켰다. 성적도 최상위권이고 대학 수능 시험(SAT)도 1600점 만점을 받았기에 자신 있게 원하는 대학에 합격할 것으로 기대하고 있었다. 같은 고등학교에서 A 학생과 같은 그룹의 동료들로부터 학교폭력에 시달리고 왕따를 당한 B 학생은 A 학생이 지망한 모든 대학에 탄원서를 보냈다. 자기는

A 학생과 그의 동료들이 주동이 된 학교폭력의 피해자라고 호소했다. 면접관의 예리한 질문에 A 학생은 학교폭력의 잘못을 인정했고 그는 하버드 대학을 비롯한 어느 일류 대학에도 합격하지 못했다.

그 후 A 학생은 삼류 대학을 졸업한 뒤 다시 하버드 대학 의과 전문대학원에 입학원서를 내었다. 물론 그의 성적이나 과외활동 등은 최상위권에 속했다. 그런데 이번에도 합격하지 못했다. 너무도 실망한 의사 아버지는 대학 입학 사정관을 만나서 이유를 물어보았다. 입학 허가나 불합격 결정은 비밀사항이기에 이유를 답해주지 않는 것이 원칙이다. 그러나 그 아버지의 집요한 요구에 입학 사정관은 대답했다. "의대를 졸업하고 의사가 되겠다는 학생이 나이 22살이 되도록 헌혈 한 번 한 적이 없네요." 아버지는 아무 말 못 하고 돌아왔다.

한국에서는 고등학교 3학년 담임 선생이나 국어와 영어, 수학을 가르치는 선생은 학생들의 3학년 재학 중이나 졸업 시기에 선물들을 많이 받는다는 이야기를 들었다. 그것도 가르친 제자가 일류 대학에 합격하면 상당히 큰 선물을 받는다고 한다. 요즘은 엄마들 치마 밑에 오만 원권 다발이 무겁게 달려 있어 치맛바람도 일지 않는 자가용 바람이라고 한다. 물건이 아닌 현찰을 선호한단다. 일종의 포상금이라고나 할까. 고3 담임이나 국·영·수 담당 교사의 수입은 대학교수보다 훨씬 높다고 한다. 그리고 선생들은 학생들에게 좋은 대학에 합격한 것이 선물이니 내가 받는 것은 당연히 받을 선물이라고 자랑한다. 학생이 선생님에게 주먹을 날렸다는 이야기보다는 나은 소식이라고 할까. 아니, 둘 다 내 마음을 불편하게 하고 있었다.

미국의 어느 고등학교 4학년 담임을 맡은 한 여교사가 졸업을 앞둔 학생들에게 선물을 주기로 했다. 학생이 선생님에게 드리는 것이 아니고 선생님이 학생들에게 선물을 주기로 한 것이다. 비슷한 시기에 아들이 좋은 대학에 합격한 한국인 엄마가 담임 선생님에게 돈 1천 달러가 든 봉투를 건넸다가 망신을 톡톡히 당한 것이 뉴스에까지 보도된 적이 있다. 한국식 치맛바람을 미국에서 피우려다 치마 밑 팬티까지 보여준 셈이 되고 말았다. 한인 동포사회 이미지에 먹칠하고 말았다.

선생님은 오랜 고민 끝에 아주 특별한 선물을 줄 수 있는 아이디어를 찾았다. 다음날 학교에 간 선생님은 학생 한 명씩을 교실 앞으로 불러냈다. 그리고 아이들 한 명 한 명을 따뜻하게 꼭 껴안아 주면서 각자가 우리 반에서 얼마나 특별한 존재인가를 설명했다. 그런 다음 일일이 아이들의 가슴에 파란색 리본을 달아주었다. 리본에는 황금색 글씨로 이렇게 적혀있었다. "당신은 나에게 특별한 사람입니다." 여교사는 학생들에게 세 개의 파란색 리본을 더 나누어 준 다음 그것들을 주위 사람들에게 달아주라고 말했다. 그런 다음 일주일 후에 그 결과를 써내라고 했다. 선생님으로부터 뜻밖의 선물과 숙제를 동시에 받은 학생들은 기쁘면서도 한편으론 고민스러웠다. 과연 누구에게 이 리본을 선물할 것인가?

한 학생이 학교 근처에 있는 회사의 부사장을 찾아갔다. 언젠가 자신의 진로 문제에 대해 친절하게 상담해 준 적이 있기 때문이다. 학생은 부사장의 옷깃에 파란 리본을 달아준 다음 두 개의 리본을 더 주면서 말했다. 이건 저희 선생님께서 생각해 내신 일입니다. 이 리본을 부사장님께서 존경하는 특별한 분에게 달아주세요. 그리고 나머지 하나는 그 사람의 특별한 사람에게 달아주게 하세요. 대신 그 결과를 일주일 후에 저에게 꼭 알려 주시면 좋겠습니다.

그날 오후 늦게 부사장은 사장실로 올라갔다. 사실 그 회사 사장은 직원 모두에게 지독한 인물로 정평이 난 사람이다. 하지만 부사장은 사장에게 다가가 사장이 가진 천재성과 창조적인 회사 경영에 대해 진심으로 존경의 마음을 전했다. 사장은 무척 놀란 듯이 보였다. 부사장은 파란 리본을 꺼내면서 감사의 선물로 드리고 싶다고 말했다. 사장은 당황하면서도 기쁘게 말했다. "아, 정말 고맙소." 부사장은 파란 리본을 사장의 가슴에 달아주고 나서 나머지 한 개의 리본을 더 꺼냈다. 그러고는 말했다. "제 부탁을 한 가지 들어주시겠습니까? 이 여분의 리본을 사장님께서 소중히 여기는 특별한 사람에게 달아주십시오. 사실은 한 학생이 이 리본을 가지고 와서 제게 건네주며 이런 부탁을 했습니다."

그날 밤 집으로 돌아간 사장은 열일곱 살 난 아들을 앉혀 놓고 말했다. "오늘 정말 믿을 수 없는 일이 나에게 일어났단다. 사무실에 앉아있는데 부사장이 올라오더니 내가 대단히 창조적이고 천재적인 인물이라면서 이 리본을 달아주더구나. 그동안 나에게 불만이 많았을 텐데. 나더러 훌륭한 인물이라는 거야. 그리고 여분의 리본을 하나 더 건네주면서 내가 특별히 소중하게 여기는 사람에게 달아주라고 하더구나. 퇴근길에 집으로 오면서 누구에게 이 리본을 달아줄까 생각해 보았다. 그러다 널 생각했어. 난 너에게 이 리본을 달아주고 싶다."

이어서 그는 말했다. "난 사업을 하느라 하루 종일 눈코 뜰 새 없이 바쁘다. 그래서 집에 오면 너한테 별로 신경을 써주지 못했어. 이따금 성적이 떨어지거나 집 안을 어질러놓은 것에 대해 고함이나 지르고…. 하지만 오늘 밤 난 너에게 이 말을 꼭 해 주고 싶다. 넌 나에게 누구보다도 특별한 사람이야. 네 엄마와 마찬가지로 내 인생에서 가장 소중한 존재지. 넌 훌륭한 아들이고 난 너를 사랑한단다." 그리고 파란 리본을 아들의 가슴에 달아주었다.

놀란 아들은 흐느껴 울기 시작했다. 아들은 온몸을 가늘게 떨며 눈물을 또 흘렸다. 그러다 고개를 들어 아버지를 바라본 아들은 울먹이며 말했다. "아빠, 사실 저는 자살을 결심했어요. 모두가 저를 미워하고 있는 줄로만 알았거든요. 그런데 아빠가 저를 사랑하시는 것을 알았으니 이젠 그럴 필요가 없어졌어요. 아빠, 정말로 사랑합니다."

화를 내지 말자

우리가 살아오면서 화 한 번 안 내고 살아온 사람이 있을까? 성인도 한평생 작거나 큰 화를 내 본 적이 있을 것이다. 그러나 지나고 보면 누구나 화를 냈다는 것이 나 자신의 가슴을 찢은 것이고 상대방의 마음을 아프게 했고 같이 있는 사람들을 불편하게 했음을 알 수 있다. 자주 화를 내면 화병에 걸린다고 한다.

시어머니가 화를 내고 며느리를 나무라면 젖 빨던 아이가 그 자리에서 생 똥을 싼다는 말이 있다. 아이의 수유를 위해 아무리 대자연의 정기가 담긴 좋은 올게닉 음식을 먹는다 해도 사람들과 불화하면 젖 먹는 아이가 공급받는 것은 엄마의 사랑이 담긴 영양소가 아닌 엄마의 화병을 받아 마신다. 가족 관계를 살펴보면 화목하지 못한 가정에서 자라는 아이는 시름시름 앓기도 잘하고 바르게 자라지 못한다. 느닷없이 아기에게 원인 모를 병이 생겼다면 부부 싸움이나 고부간의 갈등에서 원인을 찾아볼 수 있다.

구박받고 면박을 받아 슬픔에 잠긴 여인이 눈물을 머금고 돌아앉아 아기에게 젖을 물렸다. 여인은 그 순간 아기 밖에는 자신이 기댈 곳이 없었기 때문이다. 이때 엄마의 피는 떫고 흑갈색을 띤 강한 산성으로 변한다고 한다. 그러면 산성을 좋아하는 세균들이 혈액 안에 급속히 팽창하게 되고 사람의 몸 중에서 가장 방비가 허술한 부위를 침범하여 암 같은 병을 유발하게 시킨다니 화를 내는 것이 나 자신과 주변에 있는 사람에게 얼마나 무서운 것인지 섬뜩해진다.

독일의 한 의학 연구실에서 인간이 내는 화에 대해 실험을 했는데 그 결과는 아주 무서웠다. 사람이 극도로 화가 났을 때 입에서 나오는 공기, 즉 20초 동안에 내쉰 홧김을 비닐봉지에 수거하여 저온에서 농축시켜 보니 0.5cc의 노란 액체로 변했다. 이 액체를 돼지에게 주사로 투입했더니 돼지가 비명을 지르며 즉사했다는 보고가 나왔다. 또한, 홧김을 호박이나 오이 같은 넝쿨 식물의 생장점에 대고 20초 동안 불었더니 생장점은 하루도 못가 이내 시들어 버릴 뿐만 아니라 홧김은 방안 공기도 금방 녹성 화 시킨다는 실험 보고서를 내놓았다.

우리 속담에 "장맛이 나쁘면 집안이 기운다."라는 말이 있는데 메주를 담가서 새끼줄로 엮어 벽이나 천정에 달아두면 집안 공기 중의 미생물들이 메주에 달라붙어 그것을 발효시킨다. 그런데 집안에 다툼이 잦고 화내는 사람이 많으면 그 사람이 내뿜는 홧김에 의해 공기는 독성 화 되고 즉 공해 현상이 발생하여 메주 균이 죽어버린다. 그래서 메주가 꺼멓게 되고 장맛이 고약해진다. 요즘 한국에선 메주 띄우기가 어려운 이유를 알겠다. 이렇듯 무서운 것이 홧김인데 잔뜩 화를 품고서 아기에게 젖을 물리면 어찌 될까?

사람이 살아가면서 화내지 않고 살 수는 없을까? 화는 상대방의 생각이나 행동이 나의 기대에 미치지 못할 때 내 마음을 컨트롤 하지 못하면 화를 내게 된다. 그때 벽력같은 소리를 지르지 않으면 간에서 피가 솟구친다. 화는 내 욕망의 좌절에서 기인한다. 그러나 화의 원인은 이미 지나간 일, 즉 과거지사이고 엎질러진 물이다. 과거의 잘못은 지나간 것이라 하여 과오(過誤)라 한다. 과오는 용서라는 큰 바다에 던져 버리지 않고는 없어지지 않는다. 화를 참으면 병이 된다고 했다. 화는 가슴에 묻을 것이 아니라 틀어버려야 풀린다.

아버지가 없어진다

가정에서 이미 아버지의 위상이 흔들린 지 오래됐고 돈 버는 기계로 전락한 느낌이라 섭섭한 느낌인데 이젠 아버지란 존재나 아예 아버지라는 단어 자체가 없어진다는 UN 미래 보고서가 나왔다. 아버지는 본래 직업은 아니었지만, 현대 과학 기술의 발달 때문에 아버지는 이미 공룡처럼 멸종 위기에 도달했다. 복제 기술, 인공 수정이나 인공 자궁 등이 현실화할 날이 머지않았으니 어머니란 존재도 안심할 것이 못 된다. 인간의 존엄이란 자체가 송두리째 없어지는 것 같다.

맥킨지 연구소의 발표에 의하면 앞으로 7~8년 이내에 20억 개의 일자리가 소멸하고 오늘날 우리의 밥줄인 일자리의 80%가 사라진다고 했다. 이 일자리들은 인공 지능(AI), 사물 인터넷, 클라우드, 첨단 로봇, 무인 자동차, 차세대 유전자 지도, 3D 프린터, 자원 탐사 기술, 신재생 에너지, 나노 기술 등에 의해 대체될 것이라 했다. 기술이 버스 안내양을 소멸시킨 것처럼 무인자동 차는 운전기사란 일자리를 없애버릴 것이다. 미국의 여러 개

주에서 이미 구글 무인자동 차가 허가되었다. 수년 내에 버스와 택시, 운수 업종이 소멸할 수 있다는 뜻이다.

이제 1인 기업의 시대가 밀려온다. 가까운 미래에 대부분의 일자리에서 팀워크가 사라지고 각자 1인 기업 대표가 되어 독립적으로 일하게 될 것이다. 물론 월급이란 개념도 점차 사라질 것이다. 일자리 네트워크가 성장, 기술을 가진 사람들은 네트워크를 통해 프로젝트를 수주하는 형태로 작업할 것이며 작업을 마치면 프로젝트 건당 혹은 시간당 임금을 받게 될 것이다.

기업에서는 "이사회"가 없어질 것이다. 기업의 의사 결정은 점점 경쾌해지고 있다. 비용이 많이 들고 의사 결정이 느린 이사회는 이해 담당자와 투자자에 의해 점차 제거될 것이다. 이사회 대신 투자자들이 의사 결정을 대신하게 된다. 투자자들은 필요에 따라 수시로 협의회를 조직하고 해산할 것이다. 충돌 방지 시스템으로 자동차 보험이 사라지고 무인 자동차에 의해 운수업이 없어진다. 사물 인터넷, 3D 프린터, 나노 기술과 국경을 초월하는 도시 네트워크가 권력을 차지하면 지금과는 전혀 다른 직업과 교육 시스템이 보편화될 것이다. 지금 시각으로는 다소 비현실적인 예측 같아 보이지만 시각을 달리하면 미래는 바뀔 수밖에 없다.

정보화된 미래 사회는 기회이자 위기인 것이다. 미래에는 정보에 어두우면 문맹이 될 것이다. 죽을 때까지 배워야 하는 무서운 세상이 닥칠 것 같다. 현재 내가 어떤 일을 하고 있는지 꼭 한 번 생각해 보라. 준비 없는 미래는 재앙과도 같기 때문이다. 향후 10여 년 이내에 사라질 것 같은 직업은 먼저 아버지를 비롯해 법원 판사, 학교 교사, 교정 치과의사, 교도관, 속기사, 트럭 운전사, 집안일을 책임지는 집사는 없어질 것이다. 또한, CEO의 수직 방향의 정책 결정은 번잡하고 느리다. 앞으로 세계의 우수한 전문가 그룹이 회사를 인터넷 시대로, 미래로 이끌 것이다. 신문이나 잡지가 모두 디지털화되어 향후 종이 매체를 사들이는 사람이 줄어들어 인쇄업이 사라질 것이다.

이제 밭에 씨를 뿌리는 기능마저 문명의 발전이 대신한다면 정말로 아버지, 아니 남자라는 자체가 들어서야 할 곳이 없을 것 같다. 살날이 그리 많이 남지 않은 것이 다행으로 생각되기도 하지만 오늘의 현실에 불안해진다. 아버지라 불러 주는 사람이 있을 때 죽는 것이 좋을 것 같다.

절영지회(絶纓之會)

오랜만에 한국에 나간 길에 부모님 산소에 성묘도 하고 고향인 부산 김해 지방을 다녀왔다. 부산에서 초등학교 동창 친구들도 만나고 국제시장 골목도 돌아보고 자갈치 시장에 들러 생선회와 매운탕으로 점심을 먹으려다 일본이 방류한 핵물질 오염수 생각에 한우로 바꾸어 맛있게 먹었다. 몇 년 전만 해도 10명 이상의 동창을 만날 수 있었는데 이번엔 두 명밖에 만나지 못했다. 오후에는 동창들과 데이트를 하면서 양산 통도사를 다녀오기로 했다. 통도사는 합천 해인사와 순천 송광사와 더불어 한국의 상보사찰로 불리고 있다. 지장보살이 당나라에서 가져온 석가모니의 사리와 가사를 봉안하고 있다고 한다. 친구는 통도사에 가는 길에 길목에 있는 문제인 전 대통령 사저와 평산마을 책방이 있는 곳에 잠깐 들려 구경하자고 말했다.

우리에게는 문 전 대통령 사저는 별 관심의 대상이 아니었다. 그러나 대통령 사저에서 불과 5분 거리에 있는 평산 책방은 아담하고 운치 있어 보였다. 2023년 4월 26일 개점했다고 한다.

단층으로 50평도 채 안 돼 보이는 책방 건물과 중앙에는 햇볕이 잘 들어오는 넓은 마당이 있고 곳곳에 벤치가 놓여 있었다. 책방 건물 옆에는 커피도 한잔 마실 수 있는 마을 사랑방이라는 카페도 있었다. 책방을 둘러보았다. 책방은 3면이 서가로 둘러싸여 있었고 한쪽 면에는 약간의 서가와 카운터 등 운영공간이 있었다. 한쪽 구석엔 "평산 작은 도서관"이라 하여 문제인 전 대통령이 기증한 책들이 비치되어 있었다.

입고된 도서는 문제인 전 대통령 소장 1천 여권의 책과 총 3천여 권이 된다고 했다. 책은 어느 정도 인간 문재인의 성향에 부합하는 내용들이 주를 이룬다고 하는데 보수 성향의 작가 조훈현의 "고수의 생각법"이나 유현준의 "공간의 미래" 이상돈의 "공부하는 보수" 등도 비치된 것으로 보아 책 내용이 마음에 들면 이념이나 성향은 따지지 않는 것 같았다. 오후 2시경에 책방지기 문제인 전 대통령께서 책방에 나타났다. 그는 얼굴에 미소를 띠고 손님들과 악수를 하며 인사했다. 청와대에 계실 때 보다 많이 편안하고 건강해 보였다. 친구가 나를 가리키며 미국에서 왔다고 소개했다. 멀리서 오셨네요. 하며 악수와 간단한 인사를 나누었다. 나는 정치인도 아니고 특히 어느 정치 이념이나 성향에 편향되어 있지도 않으며 관심이 없기에 그냥 책 구경만 하고 나왔다.

책방 옆 마을 사랑방에서 커피를 들고 있는 마을 노인을 만났다. 평산마을에서 평생을 보내신 분이라 한다. 문 대통령이 매주 한 번 자기 집에 들러 달걀을 사 가신다고 했다. 어차피 이웃과 나누어 먹는 달걀이라 처음에는 그냥 드렸는데 달걀값을 받지 않으면 더 이상 올 수 없다며 돈을 내겠다고 하여 책을 좋아하는 나와 물물교환을 하기로 했다. 그 노인은 문 대통령이 이곳에 오신 후 처음에는 아주 시끄러웠지만, 지금은 조용하고 마을도 안전하고 깨끗해져 좋다고 했다. 무엇보다 책방이 생겨 책을 많이 접할 수 있어 좋다고 했다.

그는 대통령이고 정치인이 아닌 인간 문재인을 존경하고 좋아한다고 했다. 그의 올바른 인간성이 마음에 든다고 했다. 판사나 검사가 되어 권력을 행사하고 돈이나 벌 생각을 버리고 오랫동안 인권 변호사로서 약자와 그늘진 곳에서 고생하는 사람들을 위해 봉사해온 그의 정성과 노력을 높이 평가한다고 했다. 권력을 행사하고 군림하려는 것보다 법은 윤리 도덕의 일부라는 것을 명심하고 항상 정의의 편에 섰다고 했다. 사상이나 이념은 누구나 다를 수 있다. 조국과 민족을 사랑하는 길이나 과정이 다를지라도 목적이 같고 마음만 올바르면 된다고 했다. 노인의 마음에는 때 묻지 않은 애국심이 보였다.

평산 책방과 통도사는 불과 1Km의 거리, 금방 절에 도착했다. 울창한 소나무 숲 사이로 사찰 건물이 보이고 경내 곳곳에 걸려있는 검은 나무판이 보였다. 내가 본 나무판에는 "남의 잘못을 탓하지 마라. 남의 단점을 보지도 마라. 나의 단점을 정당화하지 마라. 오로지 나의 단점을 고치기에 힘쓰라."라는 경구가 적혀 있었다. 이 말은 중국 춘추전국시대 초나라 장왕의 일화에서 만들어진 절영지회(絶纓之會) 라는 고사성어에서 유래한다고 통도사 해설사가 설명해 주었다.

장왕이 나라의 큰 난을 평정한 후 공을 세운 신하들을 치하하기 위해 연회를 베풀었다. 신하들을 각별히 아끼던 장왕은 이 연회에서 자신의 후궁들이 시중을 들게 했다. 연회 분위기가 한참 무르익어 갈 때, 갑자기 바람이 불어 연회장의 촛불이 일순간에 꺼져버렸다. 그 순간 한 여인의 비명이 연회장에 울려 퍼졌다. 그리고 어둠 속에서 그 여인이 앙칼진 목소리로 크게 외쳤다. 어둠을 타서 누군가가 자신의 가슴을 만졌고 자신이 그자의 갓끈을 뜯어 쥐었으니 폐하께서는 어서 불을 켜서 그 무엄한 자를 찾아내어 처벌해 달라는 내용이었다.

왕은 자신의 후궁을 희롱한 무례한 신하가 괘씸하고 자신의 위엄이 희롱당한 것 같은 노여운 생각이 들 수도 있었겠지만, 그 순간 장왕은 큰 소리로 다음과 같이 명을 내렸다. "이 자리는 내가 아끼는 신하들의 공을 치하하기 위해서 만든 자리다. 이런 일로 처벌은 온당치 않으니 여기 있는 모든 신하는 내 명을 들어라! 지금 자신이 쓰고 있는 것의 갓끈을 모두 잘라 버려라! 오늘 일어난 일은 이 경사로운 자리에 후궁들을 들게 한 나의 경솔함에서 빚어진 일이니 불문에 부치도록 하겠노라." 장왕은 먼저 후궁들의 마음을 다독여 연회장 밖으로 내보내고 모든 신하가 갓끈을 자른 뒤에야 불을 켜도록 했으니 범인이 누군지는 확인할 수 없었고 자칫하면 연회가 깨어지고 한바탕 피바람이 몰아칠 수도 있는 상황이 가벼운 해프닝으로 넘어가고 말았다.

그 시대에 왕의 여인을 희롱한 것은 왕의 권위에 도전한 역모에 해당하는 불경죄로 죄인은 물론 가문이 능지처참을 당할 수 있는 중죄이다. 그렇지만 신하들을 달래는 치하의 연회 자리에서 일어날 수 있는 실수로 용인한 것이다. 왕은 거기서 한 걸음 더 나아가 놀랍게도 그 일이 자신의 경솔함에서 빚어진 일임을 인정한 것이다. 이것은 장왕이 자신에 대한 자존감이 충만한 사람이라 가능한 일이었다. 자기 자신을 신뢰하고 균형이 잡혀 있는 사람은 사소한 일에 지나치게 분노하지 않는다. 일어난 일을 사실 그대로의 상황으로 보고 더는 자의적인 확대해석을 하지 않기 때문이다.

몇 해 뒤 초나라 장왕은 진나라와 나라의 존폐가 달린 전쟁을 치르게 되었다. 그 전쟁에서 장왕이 죽음의 위기에 처했을 때 장왕을 보호하고 앞으로 나서서 자신의 목숨을 아끼지 않고 초나라의 수호신이 되어 온몸이 붉은 피로 물들어 흡사 지옥의 야차처럼 용감하게 싸워 장왕을 구하고 초나라를 승리로 이끈 장수가 있었다.

전쟁이 끝난 후 장왕은 그 장수를 불렀고 용상에서 내려와 그의 손을 감싸 쥐고 공로를 치하하며 목숨을 아끼지 않고 용감하게 싸운 연유를 물었다. 그 장수는 왕의 손을 풀고 뒤로 물러나 장왕에게 공손히 큰절을 올렸다. 그리고 그 장수는 말했다. "폐하, 몇 해 전에 있었던 연회 자리에서 술에 취해 죽을죄를 지은 소신을 폐하께서 용서해 주시고 살려주셨습니다. 그날 이후로 소신은 새롭게 얻은 제 목숨은 폐하의 것으로 생각하며 살았고 오늘 이 전장에서 제 목숨을 폐하를 위해서 바칠 각오로 싸웠습니다."

절영지회(絶纓之會)는 갓끈을 자른 연회라는 뜻으로 남의 잘못을 관대하게 용서하고 자신의 허물을 깨우친다는 의미로 우리에게 많은 교훈을 준다. 지혜를 순발력 있게 발휘하여 용서할 줄 아는 장왕의 용기와 인간성이 정말 훌륭해 보인다. 인간은 배우며 성숙해진다. 그러나 배울 수 있는 근본 인성이 있어야 한다. 느끼고 배우는 속도 역시 중요하다. 항상 남보다 5분 늦게 알게 되어 타이밍을 놓치는 사람들이 많이 보인다.

오늘날 우리나라의 옹졸하고 지도력이 부족한 지도자들을 포함해 대통령이나 국회의원 같은 정치인들이 절영지회의 교훈을 많이 배웠으면 좋겠다. 그러나 지도자가 자신을 신뢰하는 자존감과 철학이 있어야 자신 있게 국정을 운영할 수 있다. 하는 일에 자신이 없으면 전에 있었던 일이나 잘못과 비교를 하게 되고 남 탓으로 돌리며 용기를 잃는다. 장부는 큰일을 하지만 꼼 바리 졸부는 꼼수를 부린다. 정의와 진실은 죽지 않는다.

초나라 장왕처럼 지도자는 나를 믿고 따르며 나를 위해 목숨을 바칠 수 있는 신하의 마음을 움직일 수 있는 지혜를 발휘해야 한다. 국가나 사회 지도자의 잘못된 판단이나 틀린 방향의 결과는 고스란히 그들을 믿고 따르는 힘없는 자들에게 돌아간다. 믿고 따를 수 있는 지도자가 아쉬운 세상이다.

말의 향기

같은 말이라도 향기가 나게 하는 사람이 있고 듣기에 거북하게 하는 사람이 있다. 말을 해놓고 발뺌을 하거나 책임을 지지 않는 사람이 있다. 특히나 국가나 어떤 단체의 지도자급 인사가 그렇게 했을 때는 실망도 클 뿐 아니라 그 대가를 공동체의 구성원이 치르게 된다. 언론에서는 그가 이런 말을 했다고 주장하고 그를 추종하는 사람들은 아니라고 반격하는데 정작 당사자는 해명하지 않는다. 정말 웃기는 일이다. 왜 본인이 한 말에 대한 해명을 못 할까? 뭔가 구린내가 나고 의혹만 더 키운다. 품위 있고 향기가 나는 말은 못 할지라도 아무렇게나 말하고 책임도 지지 않으면 그게 무슨 지도자일까? 덕목이 부족한 지도자의 처신이다.

진정성이 담긴 말을 정확하고 시의적절하게 상대방에게 전하는 일은 타고난 소질과 세련된 인품을 가진 사람만이 잘 할 수 있다. 진정성이 없는 말보다는 오히려 침묵이 낫다. 말은 그 사람의 인격을 대변한다. 말을 잘한다고 품위 있는 말을 한다는 뜻이 아니다. 칭찬이나 꾸중을 할 때도 긍정적인 말로 대하면 결과가 좋아진다. 조그마한 실수를 그저 나무라기보다 그런 일도 있을 수 있지. 나도 옛날에 똑같은 실수를 저질렀었지. 다음에는 잘 할 거야라고 말하라. 이 얼마나 따뜻하고 향기가 나는 말인가! 향기 나는 말을 듣고 자란 사람은 나중에 향기 나는 말을 할 줄 아는 사람이 된다. 좋은 말이 씨가 되면 또 다른 좋은 말을 낳지만 나쁜 말은 독버섯을 키우는 유전자를 기른다.

같은 말이라도 "아" 다르고 "어" 다르다고 했다. 원석을 갈고 다듬으면 보석이 되듯 말도 갈고 닦고 다듬으면 보석처럼 빛나고 향기 나는 좋은 말이 된다. 사람은 태어나서 죽을 때까지 계속 말을 하는데 한 사람이 평생 5백만 마디의 말을 한다고 한다. 모양도 없고 색깔이나 씨앗도 없는 말에 씨앗을 심지 말고 가시처럼 들리게 하지 말아라. 기쁨을 주는 말은 보석처럼 빛나고 향기가 난다. 명언이라고 다 향기가 나는 말은 아니다. 진정성이 있는 말은 향기를 낸다.

고맙다, 감사하다, 죄송하다는 등. 고개 숙인 벼 이삭처럼 겸손한 말은 너와 나를 사랑으로 이어주는 다리가 된다. 해본 적이 없어, 할 줄 모른다, 그건 왜 하지요, 등 도전 정신도 용기도 없는 꿈의 날갯짓을 포기하는 말을 하지 말자. 절했다, 수고했다, 넌 할 수 있어, 등 햇살 같은 칭찬과 격려의 말은 웃음이 되고 힘이 되는 말이다. 내가 하는 말에 향기와 사랑과 희망을 담아 아름다운 노래처럼 들릴 수 있게 선물하자.

"말 한마디에 천 냥 빚을 갚는다"라는 속담이 있다. "가는 말이 고아야 오는 말아 곱다"라는 속담도 있다. 그러나 같은 말이라도 때와 장소를 가려서 할 줄 알아야 한다. 당신의 히트곡이 남에게는 소음으로 들릴 수도 있음을 알아야 한다. 말에도 온도가 있으니 이왕이면 다홍치마라고 썰렁한 말 대신 화끈한 말을 쓰도록 하자. 당신의 가슴에서 나오는 따뜻한 말을 따뜻하게 전하자. 내가 하고 싶은 말만 하지 말고 상대가 듣고 싶어 하는 말을 하는 것이 어떨까? 또한, 상대방에게도 말할 기회를 주어라. 대화는 일방통행이 아니라 쌍방 교류다. 그리고 상대방의 말을 끝까지 들어주는 습관을 기르자. 말을 자꾸 가로채면 돈 빼앗긴 것보다 더 기분 나쁘다.

입에서 나오는 말이라고 다 내뱉지 말아라. 체로 걸러서 곱게 말해도 상대방이 듣기에 거북한 말이 있다. 한 번 내뱉은 말은 다시 주워 담을 수 없다. 우리는 어른 앞에서 눈을 맞추고 얼굴을 쳐다보고 말을 하면 공손하지 못하고 예의가 없다고 배웠다. 예의범절도 세월이 가면서 그 시대에 맞게 변한다. 요즘 시대에는 상대방을 보고 눈을 맞추며 말하라고 권한다. 눈이 맞아야 마음도 통하게 된다는 것이다. 눈과 표정은 입보다 더 많은 말을 전한다. 그리고 상대방에게 믿음이 가도록 일관성 있게 말해야 한다. 믿음을 잃으면 진실도 거짓처럼 들린다.

내 생각만 옳다고 생각하고 말하면 큰 오산이다. 상대방의 말을 진지하게 경청해야 한다. 또한, 상대방의 의견도 옳다고 생각되었을 때는 받아들이는 이해력과 포용력을 발휘하여 말하는 것이 좋다. 조리 있게 말해야 한다. 말의 전개가 잘못되면 동쪽이 서쪽 되고 위아래가 바뀐다. 말을 하면서 남의 말과 비교는 할 수 있으나 비난은 하지 말라. 남을 감싸주는 태도는 덕망 있는 사람의 향기 나는 말이다. 남의 말에 시시비비를 가리려 하지 말아라. 당신은 재판관이 아니다. 옳고 그름은 정확한 근거와 시간이 판결해 줄 것이다.

향기 있는 당신은 언제나 향기 나는 말을 한다. 그것이 당신의 앞날을 성공과 향기로 가득 채워 줄 것이다. 당신이 하는 말의 향기는 당신의 품위 있는 인격을 담아 보인다.

잠수종과 나비
(The Diving Bell and The Butterfly)

나는 얼마 전에 “잠수종과 나비”라는 책을 읽었다. 영화도 보았다. 이 책은 프랑스 유명잡지 엘르(ELLE)의 편집장 장 도미니크 보비가 뇌졸중으로 전신 마비가 된 상태에서 쓴 책이다. 그는 유일하게 깜빡일 수 있는 눈 신호를 알파벳에 연결시켜 글을 썼다고 한다. 그런 식으로 대필자에게 20만 번 이상의 눈을 깜박여 무려 15개월 만에 쓴 책이 “잠수종과 나비”다. 불행히도 그는 책 출간 8일 후 심장마비로 세상을 떠났다.

그는 이 책의 서문에 “고이다 못해 흘러내리는 침을 삼킬 수만 있다면 세상에서 가장 행복한 사람일 것이다.” 불평과 원망은 행복에 겨운 자의 사치스러운 신음이라고 했다. 그는 건강의 복을 의식하지 못한 채 “툴툴거리며 일어났던 많은 아침”을 생각하며 죄스러움을 금할 길 없었다. 그는 잠수종 속에 갇힌 신세가 되었지만, 마음은 훨훨 나는 나비를 상상하며 삶을 긍정적으로 보았다. 비탄과 원망 속에서 생을 마감하는 대신 감사를 통해 극한의 고통을 감수하며 삶을 마무리할 수 있었다.

그가 그런 고통스러운 상황에서도 삶을 긍정으로 받아들일 수 있었다면 우리는 어떤 경우에도 감사해야 하지 않을까! 우리는 자신이 소유한 것을 잃어버리기 전까지는 그것이 얼마나 소중한지를 모르는 경우가 많다. 자기 몸을 뜻하는 대로 움직일 수 있다는 것만으로도 얼마나 큰 축복이고 감사할 일인가.

나는 천주교 신자이기 이전에 먼저 한 인간으로서 "범사에 감사하라"는 성경 말씀을 좋아한다. 좋은 일이 생겼을 때 감사하는 것은 당연하고 누구나 할 수 있다. 그런데 범사에 감사하라는 말은 좋은 일에만 감사할 것이 아니라 어렵고 궂은일이나 불행과 슬픔을 만나도 감사 하라는 말이다.

감사란 말은 그것 자체로 능력을 지닌다. 감사는 마음의 분노를 다스리고 마음의 격동을 진정시킨다. 우리의 마음과 행복을 지키는 강력한 무기다. 어떤 상황에서도 감사할 수 있는 사람은 내면의 미를 지닌 매력 있는 사람이다.

감사는 행복을 지키라고 했는데 그럼 행복이란 무엇인가? 생각해본다. 행복을 경제학 공식에 대입하면 "행복= 소비/욕망"이 된다. 이 공식은 간결해서 쉽게 이해가 된다. 행복을 극대화하기 위해에서는 나눗셈의 분자인 소비를 최대한 늘리거나 아니면 분모인 욕망을 최소로 줄이면 된다. 그런데 많은 사람은 소비를 늘리는 것이 행복을 극대화하는 방법으로만 알고 그 방향으로 추구한다. 이것은 현실적으로 한계가 있고 좋게 보이지 않는다. 그러나 그와 반대로 분모인 욕망을 최소로 억제하면 행복은 무한대로 커지고 존경의 대상이 될 수도 있다.

일찍이 선각자들은 물론이고 수행자들이 고행을 마다치 않고 해탈의 경지에 도달하기 위해 물욕, 정욕, 명예욕 등의 욕망을 극도로 억제하는 것도 이 나누기 공식의 분모를 최소화하여 행복을 최대화하는 과정의 하나인 것이다. 나이가 들었는데도 행복을 느끼지 못한다면 당신은 자식 걱정, 손자 걱정, 주식 걱정, 집값 걱정하느라 욕망을 비우지 못한 탓으로 생각된다. 사람마다 행복의 조건은 다르다. 입신양명해야 행복해지는 사람이 있는가 하면 유유자적(悠悠自適)의 삶을 행복으로 느끼는 사람이 있다. 부와 권력을 잡기 위해 정의와 불의를 가리지 않고 설치는 과정 자체를 행복으로 사람들도 보인다.

우리는 어릴 때 학교에서 국어에서는 문단의 주제를 파악하는 것이 중요하고 산수는 분수를 잘 알아야 한다고 배웠다. 자신의 주제 파악을 잘하고 분수를 알라는 교훈에 비유된다. 그것이 행복이다.

아픈 만큼 삶은 깊어진다

도종환 시인은 그의 시에서 "흔들리지 않고 피는 꽃이 어디 있으랴"라고 표현했다. 꽃은 셀 수 없이 바람에 흔들리고 비에 젖은 후에야 비로소 피어난다. 그래야 줄기도 곧게 서고 꽃잎도 따뜻하단다. 우리의 사랑도 삶도 다 흔들리고 젖으며 이루어진다. 그래야 사람이 삶에 곧고 따뜻한 기운이 담기기 때문이다. 걸림돌이 많은 우리의 삶에 대해 시인은 온기 있는 격려를 아끼지 않았다.

김용택 시인도 "아픈 데서 피지 않는 꽃이 어디 있으랴 / 슬픔은 손끝에 닿지만 / 고통은 천천히 꽃처럼 피어난다"라며 "사람들은 왜 모를까 / 봄이 되면 손에 닿지 않는 것들이 / 꽃이 된다는 것을"이라고 반문했다. 그는 이 마지막 구절에서 "사람들은 저마다 누구도 닿지 않는 고독이 있다는 것"을 본 것이다. 바람에 흔들려보지 않은 나뭇가지가 어디에 있겠는가? 그러나 아직도 새 한 마리 앉아보지 않은 나뭇가지도 얼마나 많겠는가!

우리의 삶은 아픈 만큼 깊어진다고 했다. 흐르는 물이 고이면

썩어가듯 움직임이 정지되면 마음엔 잡초가 자란다. 상처받기 두려워 마음 가두어 놓고 잡초 무성히 키울 바에야 차라리 어울리는 세상에서 속마음 열어놓고 사는 것이 좋을 것이다. 매서운 바람이 마음 한구석에 소용돌이를 일으켜 드러난 상처에 생채기를 만든다 하여도 고통이 아픈 만큼 줄 수 있는 자람이 있고 교훈이 있기에 마음은 편한 곳에 두어 움직임이 계속되게 해야 할 것이다.

물은 흐르기 싫어도 흘러야 하고 흐르는 물은 파도를 만들 듯 마음은 결함이 있어도 열려야 하고 아픔이 있어도 흘러야 한다. 마음의 고통은 공기처럼 소중하여 아픈 만큼 삶은 깊어지고 자란 만큼 삶이 풍성해지고 편안해질 것이다. 삶의 깊이는 이렇듯 아픔과 고통이 따를지라도 이겨내는 것이 우리들의 행복을 위한 삶이다.

많은 사람이 물과 바람을 좋아한다. 그 이유는 어디 있을까? 여러 가지 이유가 있겠지만 먼저 물과 바람은 어느 누구의 소유도 아니기 때문일 것이다. 물이 내 것이고 바람이 네 것이라면 어떻게 될까? 모르긴 해도 아마 서로 물을 가지려고, 바람을 잡으려고 난리법석을 떨 것이 뻔하다. 그다음으로는 물과 바람은 자유롭기 때문일 것이다. 물이 어디에 구속을 당하고 바람이 누구에게 얽매였다고 생각해 보라. 물은 차면 넘쳐흐르고 바람이 벽을 만나면 돌아서 나아간다. 누구에게도 무엇에도 속박이나 구속 당하는 일 없이 자유로이 흐르고 불고 있다.

흐르는 물과 부는 바람은 자연스럽다. 억지로 무엇을 하고자

함이 없이 지금 이 순간을 할 수 있는 대로 물은 자연스럽게 위에서 아래로 자신을 낮추며 흘러가고 바람은 자연스럽게 불뿐이다. 누구에게 잘 보이려고 꾸미고 없는 것을 있는 듯이 가장하지 않고 있는 그대로의 환경에 적응하며 자연스럽게 흐르고 분다. 그리고 물과 바람은 틀이 없다. 물이 어떤 고정된 형체를 가지고 있고 바람이 어떤 모양으로 고정되어 있는 것을 본 적이 있는가? 이런 그릇에 담으면 이런 물이 되고 저런 그릇에 담으면 저런 물이 된다. 강에서는 강물로 바다에서는 바닷물이 된다. 바람도 마찬가지로 강했다가 약해지고 전혀 틀이 없다. 전혀 아상(EGO)가 없다는 뜻이기도 하다.

다음으로 물과 바람은 공짜이기 때문일 것이다. 맑은 물, 좋은 물은 돈을 내고 사서 마시는 경우도 있지만, 아직도 얼마든지 공짜로 마실 물은 많다. 바람 역시 쐬고 싶으면 어디를 가든 불어오고 맞을 수 있다. 그런 물과 바람을 우리 인간이 이미 공짜가 아닌 각박하고 치열한 세상으로 만들고 있다.

물과 바람을 보고 맞으면 아름답고 고마운 생각만 든다. 강물은 강물대로 바닷물은 바닷물로 고유의 아름다움을 가지고 있다. 그러나 물도 우리에게 큰 재앙으로 아픔을 주기도 한다. 바람도 다양한 이름으로 우리들의 삶을 달래주기도 하지만 때론 큰 상처와 아픔을 주기도 한다. 물과 바람도 우리에게 상처를 주어 아픈 만큼 우리의 삶이 깊어지게 만든다. 이것 역시 자연의 섭리가 아니고 무엇이랴! 인간도 흔들리며 자란다.

보는 것과 보이는 것

내가 어릴 때 자란 마을에는 청상과부가 되신 어머니 한 분이 유복자로 태어난 딸 하나만을 키우며 살아온 분이 계셨다. 우리 어머니와 절친한 사이였고 항상 절에도 함께 다니셨다. 딸 희정은 오빠나 언니도 없고 동생도 없어서인지 두 살 위인 나를 오빠라 부르며 많이 따라 다녔다. 같은 초등학교에 다닐 때 많은 학생들이 희정을 나의 친동생으로 착각할 정도로 나를 따랐다.

희정 엄마는 딸이 의지할 수 있는 오빠 같은 내가 있어 많이 기뻐하셨다. 희정은 내가 다니는 성당에 따라 나오다가 멋도 모르고 세례를 받고 천주교 신자가 되었다. 독실한 불교 신도이신 희정이 엄마는 이것만은 별로 기뻐하지 않았다. 그러다 초등학교 졸업 후 희정은 여자 중고등학교, 나는 남자 중학교와 고등학교에 진학하면서 서로 헤어졌고 별로 만나는 기회도 없었다.

내가 독일 유학 중 우연한 기회에 희정을 독일에서 만났다. 그녀는 내보다 4년 전에 유학을 와 독일 문학을 전공하고 멀지 않아 받을 박사 학위를 준비하고 있다고 했다. 어릴 때 내가 기억하고 있는 희정이 아니고 당당하고 자존심도 강한 숙녀로 보였다. 그녀의 유창하게 구사하는 독일어는 금방 도착한 나를 준육들게 했었다. 오빠라고 부르며 따르기보다는 이젠 나에게 물으라 하는 조금 당돌한 모습이었다. 나는 "제가, 언제부터 저렇게 됐지?" 생각하며 해어졌다. 그 이후도 서로 함께 만난 적도 별로 없었다.

희정은 한국으로 귀국하였고 나는 미국으로 자리를 옮겼다. 그녀는 모 대학 독문학 교수로 활동 중이라는 소식을 친구를 통해 들었다. 나이 40에 가까워져도 결혼을 하지 않아 홀로 계신 어머니를 애태운다고 했다. 좀 콧대가 높아 보이더라고 친구는 말했다. 지인들이 주선해 준 만남이나 선을 보는 자리에 나갔다가는 모든 신랑감을 퇴짜 놓았다고 희정의 어머니는 속상해 했다. 그녀의 어머니가 "또 너 맘에 안 들었어?"라고 물으면 "성재 오빠 정도만 되는 사람이면 결혼하지."라고 했단다. "그렇다면 왜 나에게는 한 번도 사랑한다고 고백한 적도 없고 프러포즈도 하지 않았지?"라고 맘속으로 물었다. 희정이가 나를 좋아했었구나 생각하며 옆에 있는 마누라 몰래 속으로 웃었다.

희정이 이야기를 듣고 나니 갑자기 대학 후배 진주 생각이 났다. 오랜 세월 만나지 못한 진주가 미국 출장길에 나를 찾아왔다. 우리는 지난 15년 동안 한 번도 만나지 못했으니 서로 알아보기 힘들 정도로 변해 있었다. 호텔 식당에서 저녁을 먹고 커피숍으로 자리를 옮겨 옛이야기로 시간 가는 줄 몰랐다. 진주는 대학 4학년 때 행정고시에 합격하였고 졸업과 동시에 산자부 중견

간부로 취직이 되었다. 똑 부러지는 데가 있고 우수한 능력을 발휘하여 일을 잘하다 보니 아직 40이 채 안 된 나이에 진주는 산자부의 과장 자리에 있단다.

그러나 그 중간에 말하기 어려운 사연이 있었단다. 진주는 대학 재학 중에 나를 많이 따랐지만 특별한 감정 표시는 없었다. 그런 진주가 오늘에야 "나 옛날에 오빠 많이 좋아했어. 아니, 사랑했어. 용기가 없어 말 못 하고 때만 기다리고 있었지. 취직 후 1년쯤이 지나 일자리도 안정되었고 이제 오빠를 만나 사랑 고백을 해야겠다고 마음먹었어요. 그러던 어느 날 가슴이 아파 병원을 찾았는데 불과 23살 내 나이에 유방암 말기라는 진단을 받았어. 청천벽력 같은 소식에 나는 무너졌고 수술을 받아 한쪽 가슴을 떼어내고 간신이 살아났어요."

그날 이후 나는 "한쪽 가슴으로 한 사람을 사랑할 수 있을까?" 이 질문을 나 자신에게 수십 번 수백 번 던졌다고 했다. 그러나 대답은 "한쪽 가슴으론 더 이상 오빠에게 다가갈 수가 없었다. 사랑하니까 떠난다는 말이 있잖아…." 나는 한동안 아무 말도 하지 못했다. 그리곤 "이 바보야, 왜 그때 오빠에게 말 안 했어?" 슬프고 안타까운 사연이었다. 왜 나에게는 나를 좋아하면서, 나를 사랑하면서, 좋아한다, 사랑한다는 표현을 해주지 않은 여인들이 있었다니 야릇한 운명의 장난 같은 생각이 들었다. 내가 힘들게 쫓아다니며 사랑 고백을 받아내고 결혼에까지 골인한 마누라와는 너무나 대조적이다.

다시 희정이 이야기를 계속해 보자. 어느 해 여름 방학 때 희정은 어머니를 찾아뵈려고 고향에 내려갔다. 고등학교 졸업 이후 성당에도 나가지 않는 딸에게 오늘은 엄마와 함께 절에 나가자고 권했다. 반대하리라 생각했던 딸이 쾌히 따라나섰다. 사찰 경내에 들어서면서 어머니는 부처님이나 지나가는 스님들을 볼 때마다 두 손 합장 목례를 올리고 나무관세음보살 경문을 외우셨다. 희정이도 간단한 목례를 하면서 어머니를 따라 대웅전 앞으로 올라가고 있었다.

잠시 사찰 경내를 둘러보는데 보살들이 모여 이야기하는 것을 들었다. 보살들은 다른 사찰 스님 험담을 하고 있었고 신도회장이라는 사람이 다가와서는 처음 본 희정에게 내가 대학교수임을 어떻게 알았는지 인사를 하더니 명함을 건네며 아들 대학 입학을 청탁했었다. 그리고 사찰 회의실에서도 다투는 소리가 문밖으로 새어 나왔다. 이런 것들을 보고 실망하고 화가 난 희정은 어머니의 손을 잡고 집으로 가자고 재촉했다. 나는 자존심 강하고 종교에 비판적인 희정이가 하고도 남을 할 일이었음을 쉽게 심작할 수 있었다.

그때 조용하기만 하던 희정이 어머니가 단호하게 말했다. "나는 한평생 절에 다니면서 부처님만 봤는데 너는 딱 하루 절에 와서는 참 많이도 봤구나." 하셨다. 이 말에 희정이는 무너지고 말았다. 특별한 신앙심이나 별생각 없이 절에 다닌다고 생각했던 어머니가 아니었다. 어머니의 보는 수준과 대학교수라는 딸 희정이가 보는 수준은 하늘과 땅 차이보다 큰 것이었다.

누구든 자기의 수준만큼만 보이는 것이다. 우리는 많은 것을 보며 사는데 일반적으로 내 눈에 보인다고 하는 것은 가까이 있는 것이다. 먼 곳에 있는 것은 잘 보이지 않는다. 가까이 있는 것은 잘 보인다. 내 눈에 자꾸 거짓이 보인다면 내가 거짓에 가까이 있다는 것이다. 내 눈에 자꾸 교만이 보인다면 내가 교만에 가까이 있다는 것이다. "개 눈에는 똥만 보인다"는 속담과 같이 사기꾼의 눈에는 사기꾼이 가장 잘 보이는 것이다.

섬기는 사람 곁으로 가 보아라. 섬김만 보인다. 기도하는 사람 옆으로 가 보아라. 기도의 능력을 보게 될 것이다. 인격의 변화는 믿음의 발걸음에 있다. 믿음은 눈에 보이는 것을 넘어서 "불보살"을 볼 줄 아는 것이다. 부처님의 자비는 녹아서 작아지는 비누와 같다. 비누는 사용할 때마다 자기 살이 녹아서 작아지며 흔적도 없이 사라진다. 그러나 그때마다 상대의 더러움을 씻어준다. 만일 녹지 않는 비누가 있다면 쓸모없는 물건에 지나지 않는다. 촛불은 내 몸을 불태워 남의 앞을 밝혀주고 소금은 자신을 녹여 남의 맛을 내어주는 것이 아닌가!

내 눈앞에 보이는 것만 볼 것이 아니라 멀리 보는 눈을 가져라. 안목이 있네, 또는 사람 볼 줄 아내라는 말이 있다. 내가 지금 보는 것은 눈앞에 있지만 그 이면에 보이는 것을 찾아라. 예쁜 얼굴은 보이는데 가까이 있는 그 여자의 마음도 쉽게 보이는 것이 아님은 웬일일까!.

인생은 나를 찾아가는 길

살아온 과거는 해석에 따라 바뀌고 미래는 내가 내리는 결정에 따라 달라진다. 그러나 현재는 내가 지금 가지는 마음과 그 마음을 옮기는 행동에 따라 또 다른 과거를 만들고 있다. 내가 어떤 목표를 정하고 그것에 맞게 바꾸지 않기로 고집하면 아무것도 바뀌지 않는 것 같다. 또한, 삶의 목표를 정하는 것도 중요하지만 어떤 "기준"으로 그 목표를 정했는지가 더 중요하다. 인생의 방황은 목표를 잃었기 때문이 아니라 잘못된 기준에 의해 발생한다.

인생의 진정한 목적은 무한한 성장이 아니라 끝없는 성숙이 아닐까요? 아프지 않고 80년을 산다면 26년은 잠자고 21년은 일하고 9년은 먹고 마시지만 웃는 시간은 겨우 20일뿐이라고 하네요. 또한, 화내는데 5년 기다림에 3년을 소비한다고 합니다. 기쁨의 시간이 곧 웃는 시간이라고 본다면 80 평생에 겨우 20일 기뻐하는 건 삶이 너무 딱딱한 것 같아 보인다. 화내는 시간을 반쯤 줄여서 웃는 시간으로 바꿀 수 있다면 삶이 얼마나 좋을까! 기쁨이 바로 행복일진대 행복은 누가 만들어 주지 않는 것 같다. 나 자신만이 내 행복을 만들 수 있는 것을 알게 되었다. 나에게는 할 일이 있고 사랑하는 사람이 있고 희망이 있으니 행복을 느낀다.

인생이란 무엇인가? 정답이 없는 것이 아니라 정답은 사람에 따라 다르다. 수많은 철학자들이 인생의 정답을 찾아보았지만, 그 답은 다 달랐다. 수많은 답, 글, 뜻, 정의 등이 다 달랐다. 전 세계 인구가 16억이라면 16억 개의 답이 나오기 마련이다. 16억 인구의 삶이 다르다 보니 그들이 찾아가는 길도 달랐고 답도 다 달랐다. 다른 답이라고 틀린 답이 아니다.

인생에서 내가 찾아가는 길을 책을 통해서 배운다고 생각했었다. 그래서 좋은 학교에 가서 좋은 책도 많이 읽고 공부도 열심히 했다. 그런데 살아갈수록 그게 아니라는 생각이 든다. 언제나 나를 가르치는 건 책이 아니라 말없이 흐르는 시간이었다. 풀리지 않는 일의 정답도 책에 있는 수학 공식이 아닌 흐르는 시간 속에서 찾게 되었고 이해하기 어려운 사랑의 메시지도 국어사전이 아닌 거짓 없는 시간을 통해서 찾았다. 언제부터 인가 흐르는 시간을 통해서 삶의 정답도 찾아가고 있다. 시간은 나에게 늘 나를 찾아가는 길을 가르쳐 주는 스승임을 몰랐다. 어제의 시간이 오늘의 스승이었고 오늘의 시간이 내일의 스승으로 다가오고 있었다.

삶이란 참으로 복잡하고 아슬아슬하게 보인다. 걱정 없는 날이 없고 불만 없는 날이 없다. 어느 것 하나 결심하고 결정하기도 쉽지 않았다. 내일을 알 수 없어 늘 흔들리고 있었다. 말로는 쉽게 "행복하다, 또는 기쁘다"라고 하지만 누구에게나 마냥 행복하지만은 않을 뿐 힘든 일이 있기 때문이리라. 얼마만큼 행복하고 어느 정도 기쁘게 살아가고 있는지 알 수 없지만, 그저 모두 바쁘게 움직인다. 나이가 들고 건강을 잃으면 "아, 이게 아닌데…." 하는 생각을 하게 될 텐데 왜 그렇게 열심히 어디를 향해, 무엇 때문에 바쁘게 가는 건지 모를 일이다. 결국, 인생은 내가 나를 찾아갈 뿐인데 말이다.

고통이나 갈등, 불안이나 미로에서 헤매는 날들은 모두 나를 찾기까지의 과정에서 만나는 것이다. 나를 찾는 그날부터 삶은 고통에서 기쁨으로, 좌절에서 열정으로, 불안에서 평안으로, 복잡함에서 단순함으로 바뀐다. 이것이야말로 우리의 인생에서 만나는 가장 극적인 순간이요 가장 큰 기쁨이다. 아무리 화려해도 몸에 맞지 않는 옷을 입으면 불편하듯이 아무리 멋진 풍경도 마음이 다른 데 있으면 눈에 들어오지 않는다. 내가 남의 삶을 살고 있다면 늘 불안하게 느껴진다. 잠깐 쉬면서 나를 먼저 돌아보아라. 나를 찾아가는 길목에서 내가 보일 때 행복과 기쁨도 함께 온다는 것을.

에필로그

돌아보면 아쉬움이 222

돌아보면 아쉬움이

나는 초등학교 졸업식에 내가 쓴 답사를 직접 읽는 영광을 누렸다. 졸업식이 끝나고 나올 무렵 교장 선생님이 나를 불렀다. 이성재, 오늘 그 졸업식 답사 정말 좋았어, 아주 잘 썼더라며 칭찬해 주셨다. 그리고 앞으로 문학 공부 열심히 해서 좋은 글 많이 쓰고 좋은 책 많이 내라며 나의 진로에 대한 상담까지 해주셨다. 나는 교장 선생님의 말씀을 한 평생 가슴에 품고 살았다.

고등학교 중반까지만 해도 문과에 진학하겠다고 마음먹었다. 그러나 빨리 돈을 벌 수 있는 길은 이공계통으로 나가는 것이라 믿고 당분간 문학의 꿈을 접어 두기로 했다. 교장 선생님께 조금 미안하기는 했지만, 그 말씀 잊지 않겠다고 다짐했었다. 그 후 화학을 전공하여 나름대로 이공계통에 이름을 올리고 독일과 미국에서 과학자로 활동했다.

정년퇴직할 무렵에야 늦깎이 문인으로 등단했었다. 한영시집과 수필집 등 책도 몇 권 내었다. 문학상도 몇 개 받았다. 지금 생각해 봐도 내가 늦게야 문학에 접하기까지 멀리 돌아온 길에 대한 약간의 아쉬움은 있지만, 후회는 없다. 나에게 주어진 이상과 현실을 잘 파악하고 살아온 결과는 그리 잘못된 길을 걸어오지 않은 것으로 보이기 때문이다. 그리고 내 평생 힘이 되어준 교장 선생님의 칭찬과 내 소질과 적성을 파악해 주신 은사님의 말씀에 다시 한번 감사드린다.

그렇게 살아온 무한 세월의 어느 날 나에게 유한 생명의 날들이 그리 많이 남지 않았다는 것을 알게 되었다. 기분이 좀 묘한 느낌이었다. 그냥 조용히 지난 세월을 돌아볼 수 있는 시간을 나에게 주었고 여러 가지 일들을 정리할 여유를 주었으니 감사하게 생각했다. 가족과 친구들과 사랑하고 감사하는 시간을 가질 수 있어서 좋았다. 지나온 삶을 돌이켜보니 후회할 일이나 미련이 가는 일은 별로 없지만 아쉬움이 남는 일들이 보인다. 이 글이 내가 늦게야 출간하는 책에 실릴 것 같아 기분이 좋고 흩가분하다. 빈손으로 왔다 빈손으로 가는 게 인생이라고 하지 않았던가!

벌써 살아갈 날보다 살아온 날들이 많아지면서 인생의 순간순간이 열리고 접힌 시간의 갈피들은 하나의 추억이 되고 있다. 나 자신만이 그 인생의 추억을 더듬어 볼 수 있을 무렵 얼마나 소중한 것들을 잊고 살았는지, 얼마나 많은 것들을 잃어버리고 살았는지 알게 될 것이다. 그나마 사랑과 희망으로 살아온 날들이 많았기에 아쉬움은 있어도 후회 없이 살아왔다. 계절의 갈피에서 꽃이 피고 지듯이 인생의 갈피에서도 후회와 연민과 반성과 행복의 깨달음이 피어나는 것 같구나. 먼 훗날 추억이 연주하는 노래를 아쉬움은 있어도 후회 없이 들을 수 있는 그런 인생을 살아온 내가 있기를 바란다.

후회와 미련 그리고 아쉬움은 비슷한 말로 쓰이지만, 뜻이 다르다. "후회한다"라는 말은 이전의 잘못을 깨치고 뉘우친다는 뜻이고 후회는 하더라도 미련은 없게 하라고 하지만 뭔가 아닌 것 같다. 최선을 다한 뒤에 남는 건 미련이고 그럴 때 없어야 하는 것이 후회다. 후회라는 건 최선을 다하지 못한 자신에 대한 책망 같은 것이다. "아쉬움"은 필요할 때 모자라거나 없어서 안타깝고 만족스럽지 못하게 여기는 마음이다. 미련이 남아 서운한 감정이 드는 것이다. 지나간 날들과 지나간 일들에 후회는 없어도 아쉬움은 있을 수 있다. 아쉬움은 후회가 아니다. 아쉬움은 딱히 지나간 일들에 미련을 두는 것도 아니다.

"아쉬움"은 "그리움" 속에 담겨있다. 그러나 그리움은 옛날로 돌아가기 쉽지 않거나 불가능하다는 특성이 있다. 오랫동안 보지 못했거나 지난날에 좋아했던 것에 대한 느낌이다. 그 당시에는 소중함을 몰랐다가 나중에서야 그 소중함을 알게 되는 것이 특징이다. 이제 다시는 접할 수 없거나 그러기 힘들 것 같은 것이 그리움이다.

바람이 성긴 대숲에 불어와도 바람이 지나가면 그 소리를 남기지 않는다. 기러기가 차가운 호수를 지나가도 그 그림자를 남기지 않는다. 그러므로 군자는 일이 생기면 비로소 마음이 나타나고 일이 끝나면 마음도 따라서 비워진다. 아무런 미련이나 원망도 하지 않는다. 아쉬움이 있다면 가슴에 간직해 두라. 아쉬움은 더 나은 내일을 오게 하는 마중물이 된다. 그리고 마음을 비워둔다. 언제 다시 당신의 가슴에 귀한 손님이 찾아들지 모르기 때문이다.

인간은 마음을 비우려 하지 않는다. 마음을 비우면 가슴이 허전해 우울해진다. 그래서 무엇이든 가지고 채우기를 원한다. 눈을 즐겁게 하고 귀를 즐겁게 하는 것, 마음을 즐겁게 하고 배를 불려주는 것들을 다 갖기를 원한다. 남의 것보다 우리 것으로, 우리 것보다 내 것으로 소유하기를 원한다. 인간이기 때문에 인간이 되기 위하여 무엇이든 다 가지려고 한다. 그러나 모든 사물이 어느 한 사람만의 소유가 아니었을 때 그것은 살아 숨 쉬며 이 사람 혹은 저 사람과도 대화한다는 것을 모르고 있다.

모든 강물이 흘러 바다로 들어가 보이지 않듯이 사람들은 세월의 강물에 떠밀려 죽음이라는 곳으로 들어가면 보이지 않는다. 인간을 포함한 모든 자연은 그렇게 떠나고 보내며 산다. 나는 하찮은 일에 너무 집착하지 않는다. 지나간 일들에 너무 미련을 두지도 않는다. 나를 스치고 지나간 것들을 돌아보고 나를 찾아와 잠시 머무는 시간을 환영하며 오늘도 이 글을 쓰고 있다.

아쉬움이 남는 것마저도 버리고 갈 시간이 다가오고 있다.

이 부록에 첨부된 기록은 작가의 삶을 정리한 이력서이다.

부록

227

미국 국기 증서

THE ARCHITECT OF THE CAPITOL
1793

THE FLAG
OF THE
UNITED STATES
OF AMERICA

This is to certify that the accompanying flag was flown over the United States Capitol on August 2, 1988, at the request of the Honorable Tom Bevill, Member of Congress.

This flag was flown for Sung J. Lee, Ph.D.

George M. White
George M. White, FAIA
Architect of the Capitol

70682

The flag of The United States of America was flown for a day in 1988 at the Capitol Building in recognition of Dr. Sung jae lee's contributions as scientist and community services for the youth leadership development.

이 성조기는 이성재 박사의 과학자로서 미국의 과학기술 발전에 기여한 공로와 청소년 지도자 육성에 봉사한 공로를 치하하여 미국 연방의회 의원의 추천으로 국회의사당에 계양 되었음.

올해의 시집상

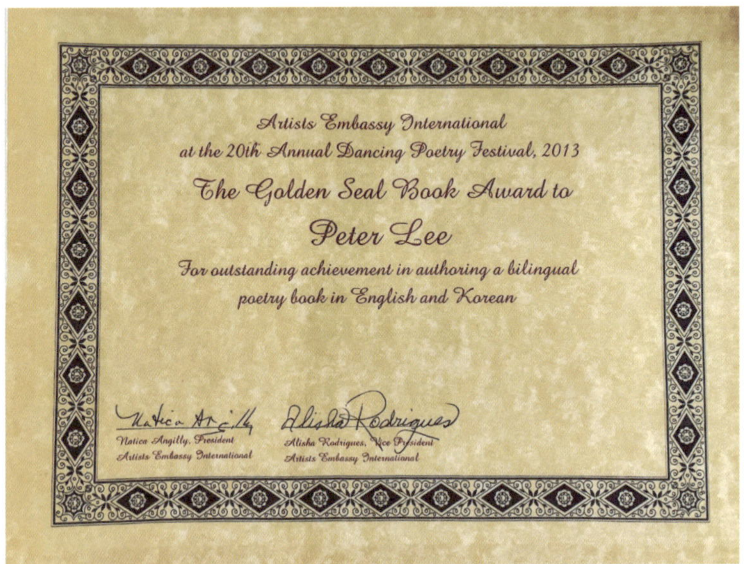

Artists Embassy International
at the 20th Annual Dancing Poetry Festival, 2013
The Golden Seal Book Award to
Peter Lee
For outstanding achievement in authoring a bilingual poetry book in English and Korean

Natica Angilly, President
Artists Embassy International

Alisha Rodrigues, Vice President
Artists Embassy International

Song of Poet, an anthology published in English and Korean received 2013 The Golden Seal Book Award

시인의 노애(Song of Poet), 한영으로 출판된 시집은 샌프란시스코 명예의 전당에서 2013년 미국 문학예술가 협회로부터 올해의 시집상 수상

효도대상 상패

청권제 2012-4호

孝 寧 賞

효 행 부 문

李 星 宰

귀하는 효의 불모지인 미국에서 "부모님께 효도하기 실천본부"를 설립하여 경로효친사상의 선양과 효도와 효 문화의 실천을 통하여 재미동포사회에 봉사하고 한국 고유전통의 미풍양속 확산에 기여한 공로와 국내에서는 효도의 근본인 숭조돈종의 정신으로 재각건물을 건립하여 문중에 기증하였으며 종친 간의 화목을 도모하는 활동을 통해 효도 효행 사상을 펼쳐온 공로가 지대하므로 이 상을 드립니다.

2012년 9월 22일

社團法人 淸權祠 理事長 李 明

Grand Award for filial devotion directed to Jeonju Lee Chosun Dynasty family and promoting filial teachings and activities in the Korean-American community in The United States

대한민국 청권사 조산왕조 전주이씨 대동종약원 효령대군파 종회로부터 2012년 효됴대상 수상

용덕재각 건물 사진

龍 德 齋

어머님과 함께 재각 앞에서

全州李氏大同宗約院孝寧大君波宗會洛州齋彦陽祖先塋下

崇 祖 惇 宗

Built and donated The Memorial Building "YongDeokJae" to Jeonju Lee Family Association, Kimhae District for ancestral worship in 1989

숭조돈종의 정신으로 토지와 성금을 헌성하여 1989년에 김해시 한림면 선영하에 용덕재(龍德齋) 재각 건물을 건립하여 전주이씨 효령대군 낙주재 중시조 언양조 문중에 봉헌함